D0728307

L'ODYSSÉE

HOMÈRE

L'ODYSSÉE

Traduction du grec par Leconte de Lisle
Abrégée et remaniée par Bruno Rémy
Illustrée de dessins de Notor (1951)
à partir de céramiques grecques

Classiques abrégés
l'école des loisirs
11, rue de Sèvres, Paris 6e

ISBN 978-2-211-04122-5

Loi n° 49.956 du 16 juillet 1949 sur les publications
destinées à la jeunesse : mars 1988
Dépôt légal : mars 2009
Imprimé en France par CPI Firmin Didot
à Mesnil-sur-l'Estrée (94586)

SOMMAIRE

INTRODUCTION

Odyssée: le mot veut dire *histoire d'Ulysse* (les Grecs appelaient Ulysse *Odysseus;* ce sont les Latins qui lui ont donné le nom qu'il a gardé en français). Et plus précisément, l'*Odyssée* raconte le difficile retour d'Ulysse chez lui, à Ithaque, à la fin de la guerre de Troie.

Car il ne fallut pas moins de dix ans au héros malheureux pour retrouver son royaume, son fils et sa femme. Et si l'on ajoute à ces dix ans les dix années que dura la guerre de Troie, on imagine tout le courage, toute la patience qu'il fallut à cet homme pour ne pas perdre espoir.

Pour lui et pour bien d'autres – rois ou simples guerriers – tout commença le jour où Pâris, un jeune prince troyen, enleva la plus belle femme qui fût connue au monde: Hélène, l'épouse du roi de Sparte, Ménélas. Car le roi ainsi humilié pria tous les rois achéens* de lever une armée et de traverser la mer à sa suite pour détruire la ville de Troie et reprendre Hélène. Pas un ne refusa, et le jour venu, on vit des centaines de navires quitter la baie d'Aulis où ils s'étaient rassemblés.

Dix ans plus tard, ils faisaient le chemin dans l'autre sens. Troie était détruite, mais combien de héros achéens étaient morts devant ses murs en combattant pour une femme?

* *Grèce* et *Grec* sont des mots qui viennent du latin; les Grecs appelaient leur pays *Hellade* et se désignaient du nom d'*Hellènes.* Mais ces noms ne s'appliquaient à l'époque de la guerre de Troie qu'à une toute petite région de la Grèce et à ses habitants. Le nom que les Grecs de l'époque se donnaient le plus souvent était *Achéens.*

Presque tous ceux qui avaient réchappé de la mort trouvèrent chez eux le repos des vieux jours. Pour ceux-là, la légende s'arrêtait (car la paix ne se raconte pas).

Pour Ulysse, les aventures ne faisaient que commencer. Il affronta tout ce qui peut se trouver de monstres dans la mer et dans la tête des hommes.

Son histoire, les Grecs la connaissaient, souvent par cœur. Ils ne se lassaient pas de l'écouter, d'écouter ces conteurs professionnels appelés *aèdes* qui voyageaient de ville en ville pour réciter les grands poèmes à la gloire des héros du passé. (Ces grands poèmes appelés *épopées* n'ont pas toujours été écrits ; ce sont d'abord des œuvres orales qu'on écoute en public – un peu comme les contes populaires dans les veillées – et c'est bien plus tard qu'on a commencé de les fixer par écrit, de les lire chacun pour soi.)

Mais comment faisaient-ils, ces aèdes, pour retenir des œuvres comme l'*Odyssée* ou l'*Iliade,* longues de 12000 vers ?

En fait, ils ne les apprenaient pas par cœur. Ils connaissaient le plan de l'histoire, les événements à raconter ; pour le détail, ils disposaient d'un « réservoir » de formules toutes faites qu'ils réutilisaient. En lisant l'*Odyssée,* on s'en aperçoit aux répétitions. Par exemple, quand les compagnons d'Ulysse reprennent la mer on trouve toujours.

Ils s'embarquèrent aussitôt et, assis en ordre
sur les bancs, ils frappèrent de leurs rames la mer grise d'écume.

ou encore, à chaque début de journée :

Quand parut l'aube aux doigts roses.

Ces formules servaient de points d'appui à la mémoire. Ainsi, avec une trame narrative et un trésor de formules apprises par cœur, l'aède pouvait-il raconter une histoire sans se tromper. Evidemment, il ne récitait pas toute l'*Odyssée* en une seule fois la récitation durait plusieurs jours.

On pense que l'auteur de l'*Odyssée* était un aède nommé Homère qui vécut aux VIIIe-VIIe siècles avant J.-C. (il y a environ 2600 ans). La guerre de Troie, si elle a bien eu lieu, a dû se produire au XIIe siècle avant J.-C., soit 500 ans avant la naissance d'Homère. Pour que le poète ait eu connaissance de l'histoire d'Ulysse, il a fallu qu'on la raconte avant lui. Il n'est donc pas à lui seul l'auteur de l'*Odyssée* (et de l'*Iliade,* son autre épopée); le poème s'est construit, transformé peu à peu; l'histoire d'Ulysse, transmise oralement, de bouche à oreille en quelque sorte, est devenue une légende.

Homère, finalement, devait être un aède génial qui donna à l'*Odyssée* une forme si belle, si réussie, qu'on préféra n'en rien changer. Par son génie, il effaça d'un seul coup tous les noms des aèdes qui avaient chanté avant lui l'aventure du héros aux mille ruses.

Mais, comme ses personnages, il est vite devenu légendaire, une sorte de modèle de l'aède, aveugle et inspiré. D'ailleurs, Ulysse lui-même se change en aède pour raconter à Alkinoos une bonne partie de ses malheurs.

Mais Ulysse s'impatiente; il veut rentrer chez lui.

Calypso

Tous les héros de la grande guerre de Troie, tous ceux du moins qui avaient fui la mort, réchappant du combat et de la mer, tous étaient rentrés chez eux.*

Mais lui, le divin Ulysse, loin de son pays et de sa femme, il était prisonnier de la nymphe Calypso qui brûlait d'en faire son époux.*

Dans son royaume, en Ithaque, personne ne croyait plus au retour du héros : depuis vingt ans qu'il était parti sur son navire arqué pour la maudite Troie ! Les jeunes seigneurs du pays s'étaient installés dans son palais. Ils passaient le temps à banqueter, à dévorer les biens d'Ulysse. Pire ! Ces misérables assaillaient Pénélope, la suppliant de choisir l'un d'eux, de l'épouser, d'en faire le nouveau roi d'Ithaque.*

Mais la reine refusait : elle espérait toujours que son Ulysse genéreux reviendrait. Pour tromper les prétendants, elle inventa la ruse de la toile.

« Mes jeunes prétendants, leur dit-elle, je sais bien

Les mots suivis d'un astérisque sont définis dans le glossaire.

qu'Ulysse est mort ! Mais laissez-moi finir mon ouvrage. C'est un linceul pour le noble Laërte, le père d'Ulysse. Quelle honte pour moi, s'il était porté nu en terre quand la mort l'aura fauché !»

Les prétendants cédèrent. La reine passait ses jours à tisser l'immense toile, mais la nuit, à la lumière des torches, elle venait la défaire. Hélas ! Une servante trahit son secret. La reine allait bientôt ne plus pouvoir refuser les noces.

Cependant son fils, Télémaque, avait grandi. Comme il voulait régner en maître chez lui, il s'en prit violemment aux prétendants et leur ordonna de quitter le palais. Mais que pouvait-il, seul contre eux, si nombreux ? Le jeune prince décida donc de partir vers d'autres cités à la recherche d'hommes qui sauraient quelque chose de son père.

Ce fut l'époque où les dieux décidèrent qu'Ulysse rentrerait dans sa demeure, en Ithaque. Car tous le prenaient en pitié, sauf Poséidon, le maître de la terre, qui ne lui pardonnait pas d'avoir aveuglé son fils, le Cyclope.*

Mais un jour que Poséidon était allé au bout du monde, les autres dieux se réunirent dans le palais de Zeus*, le tout-puissant qui tonne dans le ciel.

Athéna* leur contait les malheurs d'Ulysse : elle ne l'oubliait pas, inquiète qu'il fût retenu chez la nymphe Calypso

– Père Zeus, et vous, dieux bienheureux, il faut que les rois ne soient plus jamais ni doux, ni bienveillants, ni justes, mais violents et injustes, puisque personne ne se souvient d'Ulysse parmi les gens d'Ithaque sur lesquels il régna comme un père plein de douceur ! Le voilà qui endure de cruelles souffrances dans l'île où la nymphe Calypso le retient. Il ne peut retourner dans sa patrie car il n'a ni compagnons, ni navires à rames pour le conduire sur le vaste dos de la mer.

Zeus, l'assembleur des nuées, lui répondit :

– Mon enfant, quelle parole t'a échappé ? Mais allons ! Décrétons le retour d'Ulysse ! Poséidon oubliera sa colère car il ne pourra rien contre tous les Immortels.

Il dit, puis se tournant vers Hermès* son cher fils :

– Hermès, messager des dieux, va dire à la Nymphe aux cheveux bouclés que nous avons décrété le retour d'Ulysse. Qu'elle le laisse partir ! Mais aucun Immortel, aucun mortel ne l'accompagnera. Seul sur un radeau et subissant de nouvelles douleurs, il atteindra au bout de vingt jours la fertile Schérie, terre des Phéaciens qui descendent des dieux. Ceux-ci l'honoreront comme un dieu et le ramèneront dans sa patrie. Ils le couvriront de plus de bronze, d'or et de vêtements qu'Ulysse n'en aurait rapporté de Troie, s'il était revenu sain et sauf avec sa part du butin. Son destin est de revoir ses amis, de rentrer dans sa haute demeure et dans sa patrie.

Il dit et le Messager rapide et clair obéit. Aussitôt il attacha à ses pieds ses belles sandales d'or qui le portent sur la mer et sur la terre immense aussi vite que le vent. Il prit sa baguette qui ferme les yeux des hommes ou les réveille, quand il le veut. Enfin il plongea du ciel, s'élança sur la mer, rasant comme une mouette les flots innombrables.

Quand il arriva à l'île lointaine, quittant la mer violette, il passa sur la terre jusqu'à la vaste grotte que la Nymphe aux cheveux bouclés habitait. Il la trouva devant un grand feu; l'odeur du cèdre et du thuya ardents parfumait toute l'île. La Nymphe chantait d'une belle voix, tissant une toile avec une navette d'or. Une forêt verdoyante environnait la grotte; à l'entrée, poussait une jeune vigne dont les grappes mûrissaient; quatre sources d'eau claire arrosaient de molles prairies de violettes et de persil. Le Messager rapide et clair s'arrêta et, ayant tout admiré, entra dans la vaste grotte.

La divine Calypso le reconnut, car les dieux se reconnaissent toujours.

Dans la grotte, Hermès ne vit pas Ulysse le

généreux : assis sur le rivage, le héros pleurait et déchirait son cœur de sanglots et de gémissements.

Après l'avoir invité à s'asseoir sur un siège étincelant, la divine Calypso interrogea Hermès.

– Pourquoi viens-tu, Hermès à la baguette d'or, vénérable et cher ? Je ne t'ai jamais vu ici. Dis ce que tu désires. Mon cœur m'ordonne de te satisfaire, si je le puis, si cela est possible.

Ayant dit ces mots, la déesse dressa une table couverte d'ambroisie* et elle mêla le rouge nectar*. Le Messager but et mangea. Quand il eut achevé son repas et satisfait son cœur, il répondit :

– Tu me demandes pourquoi je suis venu, déesse ; je te répondrai franchement. C'est Zeus qui me l'a ordonné. Il dit qu'un homme est chez toi, le plus malheureux de ceux qui ont combattu sous les murs de Troie. Tous ses compagnons ont péri, et lui, Ulysse, le vent et les flots l'ont jeté ici. Maintenant Zeus t'ordonne de le renvoyer car son destin n'est pas de mourir loin de ses amis, mais de les revoir et de rentrer dans sa haute demeure et dans sa patrie.

Il dit et la divine Calypsc frémit. Elle lui répondit ces paroles ailées :

– Vous êtes injustes et jaloux, ô dieux ! Vous enviez les déesses qui dorment ouvertement avec les mortels qu'elles ont choisis pour maris. Ainsi quand Déméter* aux cheveux bouclés s'unit à Jasion sur une terre trois fois labourée, Zeus l'apprit et frappa le malheureux de sa foudre. Ainsi vous me reprochez de garder près de moi un mortel que je sauvai après que Zeus eut foudroyé son navire rapide au milieu de la mer couleur de vin. Tous ses compagnons avaient péri, et lui, le vent et les flots l'avaient jeté ici. Je le recueillis, je le nourris, je lui promis de le rendre immortel... Mais aucun dieu n'a le droit de résister aux ordres de Zeus qui porte l'égide*. Puisqu'il veut qu'Ulysse erre à nouveau sur la mer stérile, soit ! Mais je n'ai ni compagnons ni navires à rames pour le reconduire sur le vaste dos de la mer. Pourtant je lui donnerai volontiers mes conseils.

Le Messager rapide et clair lui répondit :

– Renvoie-le dès maintenant si tu veux éviter la colère de Zeus.

Ayant ainsi parlé, le dieu rapide et clair s'envola. La vénérable Nymphe, obéissant à Zeus, alla vers Ulysse le généreux. Il était assis sur le rivage et, les yeux baignés de larmes, pensait au retour. Il n'aimait plus la Nymphe. La nuit, il dormait dans la grotte creuse, mais c'était de force et sans désir. Le jour, assis sur les rochers, il regardait la mer stérile et pleurait.

L'illustre déesse s'approcha et dit :

– Malheureux, ne te lamente plus et ne consume point ta vie ! Je te renvoie Va ! fais un large radeau avec de grands arbres et qu'il te porte sur la mer brumeuse. J'y placerai du pain, de l'eau et du vin noir pour satisfaire ta faim ; je te donnerai des vêtements et je ferai souffler un bon vent afin que tu parviennes sain et sauf dans ta patrie, si du moins les dieux, maîtres du vaste ciel et plus puissants que moi, le veulent bien.

Le divin Ulysse frémit, il dit ces paroles ailées :

– Tu as une autre pensée que celle de mon retour, déesse, puisque tu m'ordonnes de traverser sur un radeau les grandes eaux de la mer, difficiles et effrayantes. Je ne partirai pas sur un radeau, à moins que tu ne jures par le grand serment des dieux que tu ne prépares pas mon malheur et ma perte.

Il dit, et la déesse lui répondit :

– Je jure par le plus terrible serment que puisse faire un dieu que je ne prépare ni ton malheur ni ta perte. Mon esprit est équitable; dans ma poitrine, mon cœur n'est pas de fer mais de pitié.

Ayant ainsi parlé, l'illustre déesse le précéda et il allait sur ses traces. Ils arrivèrent à la grotte creuse. Ulysse s'assit sur le siège que venait de quitter Hermès et la Nymphe plaça devant lui les choses dont les mortels se nourrissent. Elle s'assit à ses côtés et ses servantes lui portèrent l'ambroisie et le nectar.

Quand ils eurent assouvi la faim et la soif, le soleil se coucha et les ténèbres survinrent. Se retirant au fond de la grotte creuse, ils se livrèrent à l'amour, couchés ensemble.

Quand parut l'aube aux doigts roses, Ulysse revêtit sa tunique et son manteau. La Nymphe se couvrit d'une grande robe blanche, légère et gracieuse, mit autour de ses reins une belle ceinture d'or et, sur sa tête, un voile. Enfin, préparant le départ d'Ulysse le généreux, elle lui donna une grande hache de bronze à deux tranchants avec un beau manche d'olivier. Elle lui donna ensuite une doloire aiguisée et le conduisit à l'extrémité de l'île où avaient poussé de grands arbres atteignant le ciel, des aunes, des peupliers, des pins dont le bois sec et mort flotterait mieux. Puis elle retourna chez elle.

Aussitôt Ulysse coupa les arbres, il fit rapidement. Il en abattit vingt qu'il ébrancha ; en maître il les équarrit, les aligna au cordeau. Pendant ce temps l'illustre Calypso apportait les tarières ; il perça les poutres, les unit entre elles au moyen de chevilles et de cordes. Les dimensions que donne à la cale d'un navire de charge un excellent charpentier, Ulysse les donna à son radeau. Puis il éleva le pont à l'aide de poutrelles et de planches ; il planta le mât auquel il attacha l'antenne. Il fit le gouvernail. Pour protéger son bateau du choc des vagues, il l'entoura de claies de saule ; enfin il le lesta. Pendant ce temps l'illustre Calypso apportait de la toile pour faire la voile ; il la fit habilement et l'attacha à l'antenne. Puis, sur des rouleaux, il poussa le radeau à la mer. Le quatrième jour, tout le travail était achevé ; le cinquième, la divine Calypso le renvoya après l'avoir baigné et couvert de vêtements parfumés.

Elle mit sur le radeau une outre de vin noir, une outre, plus grande, d'eau et, dans un sac, des vivres. Alors elle fit souffler un vent bon et doux.

Le divin Ulysse, joyeux, déploya sa voile au bon vent. Il s'assit à la barre et gouverna en maître sans que le sommeil lui fermât les yeux. Il fixait les Pléiades, le Bouvier et, la seule à ne jamais plonger dans le fleuve Océan : l'Ourse qui tourne sur place en regardant Orion. Il devait la laisser à gauche et naviguer au large ; c'était l'ordre de Calypso. Dix-sept jours il fit route en haute mer ; le dix-huitième apparurent les monts boisés du pays phéacien. Cette terre était proche ; c'était comme un bouclier sur la mer sombre.

Mais Poséidon, le Puissant qui ébranle la terre, revenait. Du haut des montagnes il aperçut Ulysse et sa colère éclata. Il amassa les nuées et souleva la mer. Saisissant son trident, il déchaîna tous les vents, couvrit de nuages la terre et la mer. La nuit se rua du haut du ciel. L'Euros*, le Notos*, le violent Zéphyr* et le Borée* né de l'azur soufflèrent ensemble, soulevant de hautes lames. Ulysse sentit sa poitrine et ses genoux se briser ; il se lamenta dans son cœur généreux.

– Malheureux que je suis ! Que va-t-il m'arriver maintenant ? De quels nuages Zeus couvre le ciel ! La mer est soulevée, tous les vents sont déchaînés ; voici ma mort, c'est sûr. Heureux les Danaens* qui sont morts autrefois sous les murs de Troie ! Ah ! si j'avais trouvé la mort et mon destin le jour où les Troyens m'assaillaient de leurs lances près du cadavre d'Achille* ! J'aurais eu des funérailles glorieuses. Aujourd'hui, mon destin est de subir une mort obscure.

Il dit. Une haute lame, effrayante, s'abattit sur lui et renversa le radeau. Ulysse fut emporté, le gouvernail arraché de ses mains ; la tempête horrible des vents confondus brisa le mât ; l'antenne et la voile tombèrent à la mer. Ulysse resta longtemps sous l'eau, ne pouvant ressortir : ses vêtements l'alourdissaient. Il reparut enfin, recrachant l'eau salée ; l'écume ruisselait de sa tête. Mais il n'oublia pas le radeau : nageant avec vigueur, il le ressaisit et s'y assit pour échapper à la mort.

Alors la fille de Cadmos, Ino aux beaux talons, aperçut Ulysse ballotté par les vagues et le vent. Elle le prit en pitié. Se posant sur le radeau, elle dit :

– Malheureux ! Pourquoi Poséidon qui ébranle la terre t'accable-t-il de tant de maux ? Mais il ne te perdra pas. Fais ce que je vais te dire. Quitte tes vêtements, abandonne le radeau et nage de tes bras jusqu'à la terre des Phéaciens où tu dois être sauvé. Prends ce voile, étends-le sur ta poitrine : il te protégera de la douleur et de la mort. Dès que tes mains toucheront le rivage, sans regarder, tu le rejetteras au loin dans la mer couleur de vin.

La déesse, ayant ainsi parlé, lui donna le voile et replongea dans les vagues. Mais l'infortuné Ulysse se méfiait ; il redoutait une ruse.

Tandis qu'il hésitait, Poséidon qui ébranle la terre souleva une énorme lame, effrayante, lourde, haute, et il la précipita sur Ulysse. Comme le vent éparpille un monceau de paille sèche, ainsi la vague éparpilla les poutres du radeau. Ulysse enfourcha une poutre ; il ôta les vêtements que Calypso lui avait donnés, déploya contre sa poitrine le voile d'Ino, et, se jetant à la mer, il étendit les bras pour nager.

Le Puissant qui ébranle la terre le vit, et secouant la tête, il dit en son cœur :

– Va ! Souffre encore mille maux sur la mer ; j'espère que tu ne riras plus de mes châtiments.

Il dit et poussa ses chevaux aux belles crinières vers Égès, son palais sous-marin.

Mais Athéna, fille de Zeus, avait d'autres pensées ; elle arrêta les vents, ne laissant souffler que Borée. Deux jours et deux nuits Ulysse erra par les flots sombres ; il vit souvent la mort en son cœur. Mais quand l'aube aux cheveux bouclés amena le troisième jour, le vent retomba. Ulysse aperçut alors la terre toute proche. Il entendait gronder la mer contre les rochers. Les vagues se brisaient, effrayantes, sur la côte. Il n'y avait ni port ni abri pour les navires ; rien que des écueils et des récifs.

Il nagea, examinant la côte et cherchant une plage. Il arriva à l'embouchure d'un fleuve aux belles eaux et vit que l'endroit était bon, bien abrité et sans roches. Alors il supplia :

– Entends-moi, ô Roi, qui que tu sois ! J'ai subi de nombreuses misères sur la mer ; prends pitié de moi !

Il dit ; le fleuve arrêta son cours et calma ses eaux. Les genoux et les bras puissants d'Ulysse étaient rompus : la mer avait accablé son cœur. Tout son corps était gonflé, l'eau salée remplissait sa bouche, ses narines. A bout de souffle, sans voix, il était étendu, ivre de fatigue. Mais quand il eut respiré et retrouvé l'esprit, il ôta le voile donné par la déesse et le jeta dans le fleuve vers la mer où Ino le saisit de ses mains.

Alors Ulysse sortit du fleuve. Il se coucha dans les joncs et il baisa la terre.

Puis se relevant, il marcha vers un bois situé sur une hauteur. Il aperçut deux oliviers entrelacés, l'un sauvage et l'autre greffé. Ils étaient à ce point emmêlés que ni la violence des vents humides, ni les rayons étincelants du soleil, ni la pluie ne traversaient leur feuillage. Ulysse pénétra dessous ; il amassa un large lit de feuilles et, joyeux de voir le lit, s'y coucha en se couvrant des feuilles. Comme au fond de la campagne où l'on est sans voisin, on couvre un tison de cendre noire pour garder le germe du feu, ainsi Ulysse était caché sous les feuilles. Athéna répandit le sommeil sur ses yeux et ferma ses paupières.

Nausicaa et les Phéaciens

Tandis que l'infortuné Ulysse, dompté par la fatigue et le sommeil, dormait, Athéna s'en allait chez les Phéaciens. C'est chez Alkinoos, leur roi, qu'elle se rendait, méditant le retour du généreux Ulysse. Elle entra dans la chambre somptueuse où dormait Nausicaa, la fille du généreux Alkinoos. Deux servantes, belles comme les Grâces*, veillaient de chaque côté du seuil. Comme un souffle de vent, la déesse approcha du lit de la vierge et, penchée au-dessus de sa tête, elle lui dit ces mots :

- Nausicaa, quelle négligence ! Tu laisses tes robes sans soins alors que le mariage approche où tu devras passer les plus belles ! Allons les laver dès le lever du jour ! Je t'aiderai pour que tu aies fini plus vite. Tu ne vas plus rester longtemps vierge : déjà les meilleurs Phéaciens te courtisent. Demande à ton illustre père qu'il fasse préparer les mulets et le char qui porteront les ceintures, les voiles et les draps.

Ayant ainsi parlé, Athéna aux yeux brillants retourna dans l'Olympe.

Aussitôt l'aube parut sur son trône d'or, réveillant Nausicaa au beau voile. Étonnée de son rêve, la princesse se hâta d'aller prévenir ses parents. Sa mère, assise près du feu avec ses servantes, filait la laine teinte de pourpre marine. Mais elle croisa son père qui sortait pour aller au conseil. Elle lui dit :

– Cher papa, ne veux-tu pas me faire préparer un char haut sur roues afin que j'aille au fleuve laver notre linge sali ? Il te faut de beaux vêtements, toi qui sièges au conseil parmi les meilleurs. Et tu as cinq fils au palais : deux sont mariés et trois sont encore garçons. Ceux-là veulent aller aux danses vêtus de vêtements propres et frais ; c'est à moi que revient ce travail.

Elle aurait rougi de parler des noces à son père mais il la comprit et répondit :

– Je ne te refuse, mon enfant, ni les mulets ni rien. Va ! Mes serviteurs vont te préparer le char haut sur roues et y mettre le caisson.

Il donna ses ordres aux serviteurs qui obéirent. Nausicaa apporta les beaux vêtements. Sa mère mit des vivres et des douceurs dans une corbeille et versa du vin dans une outre en peau de chèvre La vierge monta sur le char et sa mère lui donna, dans une fiole d'or, une huile liquide pour qu'elle s'en parfumât après le bain avec ses femmes. Nausicaa saisit le fouet et les belles rênes; elle fouetta les mulets qui s'élancèrent à grand bruit.

Quand Nausicaa et ses femmes furent parvenues au cours limpide du fleuve où se trouvaient les lavoirs pleins toute l'année, elles détachèrent les mulets et les emmenèrent brouter l'herbe douce près du fleuve tourbillonnant. Elles prirent le linge à pleines mains dans le char, le plongèrent dans l'eau profonde et, rivalisant de vitesse, le foulèrent dans les bassins. Quand il fut lavé, purifié, elles l'étendirent sur les galets du rivage. Alors elles se baignèrent, se parfumèrent d'huile luisante, prirent le repas sur le bord du fleuve tandis que les vêtements séchaient aux rayons du soleil.

Quand maîtresse et servantes eurent mangé, elles dénouèrent leur voile et jouèrent à la balle. Nausicaa aux bras blancs menait le jeu, brillant entre ses femmes telle Artémis* au milieu des Nymphes.

Enfin il fallut rentrer au palais. Mais Athéna aux yeux brillants eut d'autres pensées : elle voulait qu'Ulysse se réveillât, qu'il vît la vierge aux beaux yeux et qu'elle le conduisît à la ville des Phéaciens. La reine lança la balle à l'une de ses servantes mais la balle s'égara et tomba dans le fleuve profond. Les jeunes filles poussèrent de hauts cris et le divin Ulysse s'éveilla. S'asseyant, il délibéra dans son esprit et son cœur.

– Hélas ! Sur quelle terre, chez quels hommes suis-je venu ? Chez des gens violents, sauvages et injustes ou bien hospitaliers et craignant les dieux ? J'ai entendu un cri de jeunes filles : est-ce voix de nymphes ou voix humaine ? Je verrai !

Ayant ainsi parlé, le divin Ulysse sortit des broussailles. De sa main vigoureuse, il arracha un rameau feuillu pour cacher sa virilité et, tout nu qu'il était, parut au milieu des jeunes filles aux cheveux bouclés. La nécessité l'y obligeait. Il parut, horrible, souillé par l'écume, et elles s'enfuirent çà et là. Seule la fille d'Alkinoos resta : Athéna lui mettait cette audace au cœur et chas-

sait la crainte de ses membres. Elle restait donc seule, en face d'Ulysse qui lui adressa ce discours habile et doux :

– Je te supplie, ô reine, que tu sois déesse ou mortelle ! Si tu es déesse chez les dieux qui habitent le large ciel, par la beauté, l'allure et la grâce, tu me sembles Artémis, fille du grand Zeus. Mais si tu es une des mortelles habitant sur la terre, trois fois heureux ton père et ta vénérable mère ! Trois fois heureux tes frères ! Mais plus encore celui qui, t'ayant comblée de cadeaux, t'emmènera dans sa

maison ! Jamais je n ai vu de mortel, homme ou femme, aussi beau ; je suis saisi d'admiration ! Un jour, à Délos, devant l'autel d'Apollon*, j'ai vu semblable beauté : un jeune palmier. Je restai longtemps stupéfait dans mon cœur car jamais un tel fût n'était sorti de terre. Ainsi je t'admire, ô femme, et je suis stupéfait. Je tremble de saisir tes genoux. Ma douleur est grande ! Hier, après vingt jours, j'échappai à la mer couleur de vin. Ô reine, prends pitié de moi ! Après tant de misères, c'est vers toi, la première, que je suis venu. Je ne connais aucun des habitants de cette ville et de cette terre. Montre-moi la ville, donne-moi quelque lambeau pour me couvrir! Et que les dieux t'accordent ce que tu désires: un mari, une famille et une heureuse concorde!

Nausicaa aux bras blancs lui répondit:

– Étranger, puisque tu es venu vers notre terre et notre ville, tu ne manqueras ni de vêtements ni d'aucune autre des choses qu'il convient d'accorder au malheureux suppliant Je te montrerai la ville et je te dirai le nom de notre peuple: les Phéaciens habitent cette ville et cette terre, et moi, je suis la fille du généreux Alkinoos qui est le premier par la puissance entre les Phéaciens.

Elle dit et commanda à ses servantes:

– Revenez, servantes! Où fuyez-vous pour avoir vu un homme? Croyez-vous que ce soit un ennemi? Personne ne peut porter la guerre sur la terre des Phéaciens Nous sommes très chers aux Immortels; nous habitons à l'écart sur la mer houleuse et nous n'avons aucun commerce avec les autres hommes. Ce n'est qu'un pauvre naufragé; il nous faut le secourir car les étrangers et les mendiants sont envoyés de Zeus. Allez, donnez-lui une tunique et un manteau et lavez-le dans le fleuve à l'abri du vent!

Elle dit et les servantes conduisirent Ulysse à l'abri du vent. Elles placèrent à ses côtés une tunique et un manteau; elles lui donnèrent la fiole d'or pleine d'huile liquide et l'invitèrent à se laver dans le courant du fleuve.

Le divin Ulysse lava dans le fleuve l'écume salée qui couvrait son dos, ses flancs et ses épaules. Il purifia sa tête des souillures de la mer stérile. Il se parfuma d'huile et se couvrit des vêtements que la vierge lui avait donnés. Athéna, fille de Zeus, le fit paraître plus grand et déroula sa chevelure bouclée comme les fleurs de jacinthe. Il s'assit à l'écart, sur le rivage de la mer, éblouissant de beauté et de grâce. La vierge, admirative, dit à ses servantes aux cheveux bouclés:

– Ah! Si un tel homme pouvait devenir mon mari, s'il habitait ici et qu'il lui plût de rester!... Mais vous, servantes, offrez-lui à boire et à manger!

Elle dit et les servantes obéirent. Elles offrirent à Ulysse à boire et à manger. Et le divin Ulysse but et mangea avec voracité: il y avait longtemps qu'il n'avait pris de nourriture. Mais Nausicaa aux bras blancs déposa le linge plié dans le char ; elle y monta après avoir attelé les mulets aux sabots massifs et, exhortant Ulysse, elle lui dit :

– Lève-toi, étranger ! Allons à la ville, que je te conduise à la demeure de mon sage père. Voici ce qu'il faut faire : tu me sembles ne pas manquer de sagesse. Aussi longtemps que nous irons à travers champs et cultures, marche rapidement avec les servantes derrière les mulets et le char ; je montrerai le chemin. Mais lorsque nous serons arrivés en vue de la ville, cesse de nous suivre. Tu la verras, entourée de hauts murs, avec ses deux ports (un de chaque côté) et le beau temple de Poséidon sur l'agora pavée de grandes pierres taillées ; c'est là qu'on s'occupe des agrès des noirs vaisseaux : cordages, voiles et rames qu'on polit ; car les arcs et les carquois n'intéressent pas les Phéaciens, mais uniquement les mâts, les rames et les navires bien équilibrés sur lesquels ils traversent, joyeux, la mer grise d'écume. Évite leurs paroles sans douceur de peur que l'un d'eux ne me blâme : ils sont très insolents ; ils pourraient médire en me voyant en ta compagnie.

Écoute-moi donc, étranger, si tu veux obtenir de mon père ton retour. Nous trouverons près du chemin un beau bois de peupliers consacré à Athéna. Il faudra t'y arrêter le temps que nous soyons arrivées à la demeure de mon père. Dès que tu penseras que nous y sommes parvenues, marche vers la ville des Phéaciens et cherche la demeure de mon père, le généreux Alkinoos. Quand tu seras entré dans la cour, traverse vite la grande salle et va à ma mère. Assise à la lumière du feu, adossée à une colonne et entourée de ses servantes, elle file une laine pourprée. À côté d'elle est le trône de mon père où il est assis, buvant du vin à petits coups comme un Immortel. Passe devant lui et embrasse les genoux de ma mère si tu veux voir le jour du retour.

Elle dit et fouetta les mulets qui quittèrent les bords du fleuve. Le soleil se coucha et ils parvinrent au bois sacré d'Athéna où le divin Ulysse s'arrêta. Aussitôt il supplia la fille du grand Zeus.

– Entends-moi, fille de Zeus qui porte l'égide ! Accorde-moi d'être le bienvenu chez les Phéaciens et qu'ils aient pitié de moi !

Il dit en suppliant et Athéna l'entendit.

Quand Ulysse jugea que Nausicaa était arrivée au palais, il se mit en chemin. La déesse Athéna le protégeait encore : elle l'avait enveloppé d'un brouillard magique qui le rendait invisible. Mais il n'en savait rien !

Bientôt, Ulysse entra dans la ville des Phéaciens. Il s'arrêta au seuil de la demeure royale. C'étaient portes d'or, parois de bronze, statues d'argent, d'or... ! Au-delà de la cour, on voyait un jardin dont les arbres – poiriers, pommiers, figuiers, oliviers, vignes – portaient des fruits toute l'année, été comme hiver.

Quand il eut tout admiré dans son cœur, Ulysse entra, traversa le palais, et, allant tout droit vers la reine Arété, il embrassa ses genoux. Aussitôt le brouillard se dissipa, à la grande stupeur de tous. Ulysse n'eut pas à supplier longtemps la reine pour obtenir d'elle et du roi, Alkinoos, l'hospitalité. Le roi promit au suppliant de le ramener chez lui dès le lendemain. « Nos navires, lui dit-il, sont rapides comme l'aile ou la pensée. »*

Le lendemain Alkinoos fit donner une grande fête en l'honneur de son hôte. Les jeux succédèrent au festin de midi. Autour de l'agora, la foule se pressait pour assister aux concours de course, de lutte, de saut, de lancer du disque, aux danses aussi. Puis ce fut l'heure du repas du soir. Alkinoos y invita les douze seigneurs de Phéacie en *leur demandant d'apporter pour son hôte les dons d'hospitalité : or et vêtements. De retour au palais, quand il eut reçu le bain des servantes d'Arété, Ulysse vint s'asseoir à côté du roi. On mangea, on but le vin doux et le vieil aède* aveugle chanta l'histoire du cheval de Troie. Mais Ulysse ne put retenir ses larmes. Alkinoos interrompit alors l'aède et pria l'étranger de révéler son identité.*

« Dis-moi aussi quels sont ta terre natale, ton peuple et ta cité afin que nos navires t'y conduisent. Ils n'ont pas de pilote ni de gouvernail comme les autres navires. Ils devinent les pensées des hommes et connaissent les cités, les champs fertiles du monde entier. Ils traversent rapidement l'abîme de la mer, enveloppés de brume, sans jamais craindre d'avarie ni de naufrage. Allons ! Parle et dis-nous dans quels lieux tu as erré, les pays, les villes bien peuplées, les hommes – violents, sauvages et injustes ou bien hospitaliers et craignant les dieux – que tu as vus. Dis-nous pourquoi tu pleures en écoutant la destinée des Danaens et des Troyens ! »

LE CYCLOPE

Et le subtil Ulysse lui répondit ainsi :

– Roi Alkinoos, honneur de tout un peuple, tu veux que je dise mes douleurs, je n'en serai que plus affligé. Que dire pour commencer ? Comment continuer ? Comment finir ? Je suis Ulysse, fils de Laërte ; mes ruses sont connues de tous les hommes et ma gloire est montée jusqu'au ciel. J'habite Ithaque. L'île qu'on voit de loin. Elle est hérissée de rochers mais c'est une belle nourrice de jeunes hommes et il n'est pas de terre qui me soit plus douce à regarder. La divine Calypso m'a retenu dans sa grotte profonde, brûlant de m'épouser ; Circé, la perfide, m'a retenu dans sa demeure en Aiaié, brûlant de m'épouser ; mais mon cœur ne s'est pas laissé convaincre. Car rien n'est plus doux pour un homme que la patrie et les parents. Mais je vais te raconter le retour lamentable que me réserva Zeus à mon départ de Troie.

D'Ilion*, le vent me poussa chez les Kikones, à Ismaros. Là, je dévastai la ville et j'en tuai les guerriers. Les femmes et les richesses abondantes qu'on avait emmenées hors de la ville, je les partageai si bien que personne ne fut lésé. Alors j'ordonnai de fuir d'un pied rapide, mais ces grands gamins n'obéirent pas. On but beaucoup de vin et on égorgea sur le rivage nombre de moutons et de bœufs noirs à la démarche torse.

Pendant ce temps, les Kikones avaient appelé leurs voisins, Kikones de l'intérieur, plus nombreux et plus braves, aussi habiles à combattre à cheval qu'à pied. Alors Zeus nous accabla de souffrances. Tant que grandit le jour sacré, nous résistâmes, mais quand le soleil pencha, les Kikones emportèrent la victoire : six compagnons guêtrés par navire furent tués. Nous autres, échappant à la mort et au sort, nous reprîmes la mer, contents d'avoir évité le trépas mais privés de nos chers compagnons.

Mais Zeus, l'assembleur des nuées, souleva le Borée en tourbillons terribles. Il couvrit de nuages la terre et la mer. La nuit tomba du ciel. Les navires furent emportés hors de leur route et la force du vent déchira nos voiles. Il fallut amener et ramer à toute force vers le rivage. Là, pendant deux nuits et deux jours, nous restâmes couchés, accablés de fatigue et de douleur. Mais quand l'aube aux cheveux bouclés amena le troisième jour, nous reprîmes la mer et je serais arrivé sain et sauf dans ma patrie si le courant, la houle et le Borée, au cap Malée*, ne m'avaient emporté loin de Cythère*.

Pendant neuf jours les vents de mort nous entraînèrent sur la mer poissonneuse. Le dixième jour, nous abordâmes la terre des Lotophages qui se nourrissent d'une fleur. On débarqua, on puisa de l'eau, on mangea près des navires rapides. Alors j'envoyai deux de mes hommes accompagnés d'un héraut* s'informer des habitants de cette terre. Ils rencontrèrent les Lotophages qui ne leur firent aucun mal et leur offrirent du lotos à manger. Dès qu'ils eurent goûté le lotos* doux comme le miel, mes compagnons ne songèrent plus ni au retour ni à donner des nouvelles. Gorgés de lotos, ils voulaient rester chez les Lotophages et oubliaient le retour. Je dus les ramener de force aux navires et les attacher sous les bancs. J'ordonnai aux compagnons restés fidèles d'embarquer en hâte. Ils s'embarquèrent aussitôt et, assis en ordre sur les bancs, ils frappèrent de leurs rames la mer grise d'écume.

Nous parvînmes au pays des Cyclopes*, orgueilleux sans lois qui, confiants dans les dieux immortels, ne plantent pas de leurs mains ni ne labourent. Toutes les plantes – le froment, l'orge et les vignes qui donnent le vin – poussent pour eux sans qu'ils les sèment ni les cultivent. Ils n'ont pas d'assemblée où l'on délibère ni de lois, ils habitent le sommet de hautes montagnes, dans des grottes profondes et chacun y dicte sa loi à sa femme et à ses enfants sans s'occuper des autres.

Une petite île fait face au pays des Cyclopes. Elle est couverte de forêts où se multiplient des chèvres sauvages. Elle n'est ni ensemencée ni labourée : vide d'hommes, elle ne nourrit que des chèvres bêlantes. Car les Cyclopes n'ont pas de vaisseaux peints en rouge pour aller sur les mers, de ville en ville, comme font les hommes ; ils n'ont pas de constructeurs de navires à rames, sans quoi ils auraient pu peupler cette île. Elle n'est pas mauvaise : elle donnerait de bonnes moissons car la terre y est grasse. Son port est sûr : on n'y a pas besoin d'ancres ni d'amarres. Au fond de l'anse, une eau claire jaillit de sous une roche ; des peupliers poussent alentour.

C'est là que nous abordâmes de nuit ; un dieu nous conduisait car on ne voyait rien. Un épais brouillard enveloppait les navires ; la lune ne brillait pas au ciel, cachée qu'elle était par les nuages. On ne pouvait voir l'île avant d'y aborder. Une fois les navires échoués, on amena les voiles, on débarqua et on s'endormit en attendant l'aube divine.

Quand parut l'aube aux doigts roses, nous nous mîmes en marche. Les Nymphes, filles de Zeus qui porte l'égide, faisaient lever les chèvres montagnardes. Aussitôt on sortit des navires les arcs recourbés et les lances à longue douille. Un dieu nous donna une belle chasse : chacun des douze vaisseaux de ma flotte reçut neuf chèvres, et le mien dix. Tout le jour, jusqu'au coucher du soleil, on mangea, on but le vin rouge. On voyait la fumée monter de la terre, toute proche, des

Cyclopes ; on entendait leurs voix et celles de leurs chèvres. La nuit tombée, on s'endormit sur le rivage.

Quand parut l'aube aux doigts roses, je convoquai mes compagnons à l'assemblée et dis :

– Vous autres, fidèles compagnons, restez ici. Moi, avec mon navire et mon équipage, j'irai voir qui sont les hommes de ce pays : gens violents, sauvages et injustes ou bien hospitaliers et craignant les dieux.

Ayant ainsi parlé, je montai à bord et ordonnai à mes hommes de monter à leur tour et de larguer l'amarre. Ils s'embarquèrent et, assis en ordre sur les bancs, ils frappèrent de leurs rames la mer grise d'écume.

Quand on arriva sur la terre voisine, on aperçut à son extrémité une haute grotte à l'ombre de lauriers. Des brebis et des chèvres en nombre étaient parquées devant. C'est là qu'habitait un géant qui menait paître son troupeau. Il ne fréquentait pas les autres et vivait à l'écart comme un sauvage. C'était un monstre prodigieux qui ne ressemblait pas à un homme mangeur de pain mais au sommet boisé d'une haute montagne.

J'ordonnai alors à mes fidèles compagnons de rester près du navire, de le garder. J'en choisis douze parmi les plus braves et je partis, emportant une outre en peau de chèvre pleine d'un doux vin noir et dans un sac, des vivres. Mon cœur m'incitait à aborder ce géant d'une force prodigieuse, ce sauvage ignorant justice et lois.

Nous arrivâmes rapidement à son antre. Il n'était pas là. Nous entrâmes, admirant chaque chose : les claies étaient chargées de fromages ; les étables, bondées d'agneaux et de chevreaux répartis par stalles selon leurs âges ; tous les vases, terrines et seaux regorgeaient de lait. Mes compagnons me supplièrent d'emmener fromages, agneaux et chevreaux au navire et de fuir sur la mer. Je refusai. Hélas ! Il aurait mieux valu les écouter, mais je voulais le voir.

Alors ranimant le feu, on mangea les fromages et on s'assit pour l'attendre. Il revint du pâturage, chargé d'un lourd fardeau de bois sec qu'il jeta avec fracas à l'entrée de la grotte. Effrayés, nous nous cachâmes au fond de l'antre. Il fit entrer dans la vaste grotte les femelles du troupeau, laissant les mâles, béliers et boucs, dehors dans l'enclos.

Puis il souleva et plaça devant l'entrée un énorme bloc de pierre, si lourd que vingt-deux solides chars à quatre roues n'auraient pu le remuer. Il s'assit, commença à traire les brebis et les chèvres bêlantes puis mit un petit sous chacune d'elles. Il fit aussitôt cailler la moitié du lait blanc, la déposa dans des corbeilles tressées et versa l'autre moitié dans des vases pour la boire. Quand il eut terminé ce travail, il alluma le feu, nous aperçut et dit :

– Qui êtes-vous, étrangers ? D'où venez-vous sur les routes humides ?

Il dit ; notre cœur se brisa, effrayés que nous étions par sa voix et sa taille. Mais je lui répondis :

– Nous sommes des Achéens* de retour de Troie et nous errons, entraînés par tous les vents, sur le grand abîme de la mer. Nous te supplions à genoux : sois accueillant et fais-nous les dons qu'on fait aux hôtes. Crains les dieux, mon brave, car nous sommes tes suppliants et Zeus est le vengeur des suppliants.

Je dis et ce cœur impitoyable me répondit :

– Es-tu enfant, étranger, ou viens-tu de loin pour m'ordonner de craindre les dieux ? Les Cyclopes n'ont que faire de Zeus qui porte l'égide ni des dieux bienheureux : nous sommes plus forts qu'eux ! Mais, dis-moi, en venant ici, où as-tu échoué ton navire bien construit ? Est-ce à l'autre bout du pays ou près d'ici ?

Il me mettait à l'épreuve, mais je savais trop de choses pour qu'il pût me tromper ; je lui répondis ces paroles rusées :

– Mon navire ? Poséidon qui ébranle la terre l'a brisé contre des rochers au bout de votre terre, et le vent l'a rejeté au large. Moi, avec ces compagnons, j'ai échappé à la mort.

Je dis ; ce cœur impitoyable ne me répondit rien. Mais se ruant sur mes hommes, il en saisit deux à pleines mains et les écrasa contre terre comme des petits chiens. Leur cervelle jaillit et coula sur le sol. Il les découpa membre à membre et les dévora sans rien laisser : ni entrailles, ni chairs, ni os. Nous, en gémissant, nous levions les mains vers Zeus.

Quand le Cyclope eut rempli sa vaste panse de chairs humaines et de lait, il s'étendit au milieu des bêtes. Je pensai, dans mon cœur généreux, tirer mon épée et le frapper là où le foie pend sous le diaphragme. Mais une autre pensée m'arrêta : nous aurions péri affreusement sans pouvoir déplacer l'énorme rocher qui obstruait l'entrée. Nous attendîmes donc l'aube divine en gémissant.

Quand parut l'aube aux doigts roses, il alluma le feu et commença à traire ses bêtes, puis il mit un petit sous chacune d'elles. Lorsqu'il eut terminé ce travail, il saisit à nouveau deux de mes compagnons pour en faire son repas. Ayant mangé, il fit sortir de l'antre ses gras troupeaux. Il avait déplacé sans peine la grande porte ; il la referma comme le couvercle d'un carquois. Puis, sifflant tant et plus, le Cyclope emmena ses gras troupeaux sur la montagne.

Je restai à me demander comment je pourrais me venger. Voici ce que je décidai dans mon cœur.

Le Cyclope avait laissé là une grosse massue, un olivier vert qu'il avait coupé pour le porter quand il serait sec. Par sa longueur, son épaisseur, il nous sembla pareil au mât d'un noir navire de charge à vingt rames. J'en coupai environ une brasse que je passai à mes compagnons, leur ordonnant de l'équarrir. Ce travail fait, j'en taillai l'extrémité en pointe et la passai dans le feu pour la durcir. Enfin je cachai l'épieu sous le fumier épandu dans toute la grotte. J'ordonnai alors à mes compagnons de tirer au sort ceux qui le soulèveraient avec moi pour l'enfoncer dans l'œil du Cyclope quand le doux sommeil l'aurait pris. Le sort désigna ceux que j'aurais choisis : ils étaient quatre, je fus le cinquième.

Le soir, il revint, ramenant ses bêtes. Se méfiait-il ? Ou bien un dieu le voulut-il ainsi ? Il les fit toutes entrer dans la grotte sans en laisser dehors, dans l'enclos. Il souleva l'énorme bloc et le plaça devant l'entrée. Il s'assit et commença à traire les brebis et les chèvres bêlantes, puis il mit un petit sous chacune d'elles. Quand il eut terminé ce travail, il saisit à nouveau deux de mes compagnons pour en faire son repas. Je m'approchai alors de lui, tenant une grande coupe de vin noir.

– Cyclope ! Bois ce vin après ton repas de chairs humaines et tu sauras quelle boisson renfermait notre navire. Ç'aurait été ma libation* si, nous prenant en pitié, tu nous avais renvoyés chez nous ; mais tu es trop furieux !

Je dis ; il prit la coupe et la vida. Le breuvage était doux. Il m'en redemanda.

– Donne-m'en encore, sois gentil, et dis-moi

ton nom sur-le-champ pour que je te fasse un cadeau qui te réjouisse !

Il dit et de nouveau je lui versai de ce vin de feu. Trois fois je le servis ; trois fois il but, ce dément ! Mais quand le vin eut troublé son esprit, je lui dis ces paroles mielleuses :

– Cyclope, tu veux savoir mon illustre nom. Je vais te le dire et tu me feras le don d'hospitalité que tu m'as promis. Personne, voilà mon nom. Mon père et ma mère, tous mes compagnons, me nomment Personne.

Je dis et ce cœur impitoyable me répondit :

– Eh bien ! Je mangerai Personne après tous ses compagnons. Voilà mon cadeau !

Il dit et tomba à la renverse. Le sommeil le dompta. De sa gorge jaillirent le vin et des morceaux de chair humaine. Il rotait, gorgé de vin. Aussitôt, je mis l'épieu sous la cendre pour le réchauffer. J'exhortai mes compagnons au courage. Dès que l'épieu d'olivier fut sur le point de s'enflammer, je le retirai du feu. Mes compagnons m'entouraient ; un dieu nous donnait du courage. Ayant saisi l'épieu d'olivier, ils l'enfoncèrent dans l'œil du Cyclope tandis que moi, j'appuyais dessus et le faisais tourner. Le sang chaud jaillissait de l'œil ; les vapeurs de la pupille en feu brûlèrent paupières et sourcils ; les racines grésillaient. Comme lorsqu'un forgeron plonge une hache dans l'eau froide, le fer siffle – de là vient sa force –, ainsi son œil sifflait autour de l'épieu d'olivier. Il poussa un horrible hurlement et les rochers en retentirent. Epouvantés, nous nous enfuîmes. Il arracha de son œil l'épieu couvert de sang et le rejeta au loin. Alors il appela à grands cris les Cyclopes qui habitaient alentour. À ses cris, ils accoururent de tous côtés et, debout devant l'antre, ils lui demandèrent :

– Pourquoi, Polyphème, pousses-tu de tels hurlements dans la nuit divine ? Souffres-tu ? Un mortel te vole-t-il tes bêtes ? Veut-on te tuer par force ou par ruse ?

Et le robuste Polyphème répondit du fond de son antre :

– Amis, c'est par ruse et non par force. Et qui me tue ? Personne !

Ils lui répondirent ces paroles ailées :

– Si tu es seul, si personne ne te fait violence, alors c'est une maladie envoyée par le grand Zeus et on ne peut y échapper. Supplie ton père, le roi Poséidon.

Ils dirent et s'en allèrent. Je riais dans mon cœur car mon nom et ma ruse les avaient trompés.

Gémissant, ivre de douleur, le Cyclope s'avança à tâtons et enleva le rocher de la porte. Il s'assit dans l'ouverture et tendit les bras pour attraper ceux d'entre nous qui voudraient sortir avec les brebis. Il me prenait pour un gamin ! Je réfléchis au moyen de nous faire échapper à la mort. Ce conseil me parut le meilleur.

Il y avait là des béliers bien gras à la toison épaisse. Sans bruit je les attachai trois par trois avec l'osier tressé sur lequel dormait ce monstre. Celui du milieu portait un de mes compagnons ; les deux autres, de chaque côté, le cachaient. Quant à moi, il me restait un bélier, le plus grand de tous : je l'attrapai par le dos et, m'étant coulé sous son ventre, j'agrippai fortement son épaisse toison. Ainsi nous attendîmes l'aube divine.

Quand parut l'aube aux doigts roses, les mâles du troupeau s'élancèrent au pâturage. Mais les femelles bêlaient car il n'avait pu les traire et leurs mamelles étaient lourdes. Et lui, le maître du

troupeau, accablé de douleur, il tâtait le dos de tous les béliers qui passaient. L'insensé ! Il ne s'apercevait pas que mes compagnons étaient attachés sous le ventre des bêtes laineuses. Quand on fut hors de l'antre et de l'enclos, à quelque distance, je lâchai mon bélier et détachai mes compagnons. Vite nous poussâmes les bêtes bien grasses jusqu'à notre navire.

Nos compagnons se réjouirent de nous voir, échappés à la mort ; mais ils pleurèrent les autres. Fronçant les sourcils, je leur défendis de pleurer et leur ordonnai d'embarquer en vitesse le troupeau pour fuir sur la mer. Ils s'embarquèrent aussitôt et, assis en ordre sur les bancs, ils frappèrent de leurs rames la mer grise d'écume.

Quand on fut éloigné de la distance où porte la voix, je raillai ainsi le Cyclope :

– Cyclope ! Tu n'as pas craint de dévorer tes hôtes dans ta maison mais tu devais le payer ! Zeus et les autres dieux t'ont châtié. Si un mortel t'interroge sur la perte de ton œil, dis-lui que c'est Ulysse, le dévastateur de citadelles, fils de Laërte et habitant d'Ithaque, qui te l'a arraché.

Je dis ; aussitôt le Cyclope supplia le roi Poséidon en élevant les mains vers le ciel étoilé.

– Entends-moi, Poséidon aux cheveux bleus, maître de la terre ! Si je suis ton fils, fais que le dévastateur de citadelles, Ulysse, fils de Laërte et habitant d'Ithaque, ne retourne jamais chez lui. Mais si son sort est de revoir ses amis, de rentrer dans sa haute demeure et dans sa patrie, que ce soit après de longues souffrances, ayant perdu tous ses compagnons et sur un navire étranger pour souffrir encore en arrivant chez lui.

Il pria ainsi et le dieu aux cheveux bleus l'exauça.

Puis il souleva un énorme rocher, le fit tournoyer et le jeta de toute sa force. Le roc tomba derrière notre navire à proue bleue et faillit briser le gouvernail. La mer se souleva mais le flot nous poussa vers l'île voisine. On arriva bientôt au lieu où nos compagnons, assis en larmes, nous attendaient toujours. On tira le navire sur le sable ; on descendit ; on débarqua les troupeaux du Cyclope et je les partageai si bien que personne ne fut lésé. Mes compagnons ajoutèrent à ma part le bélier. Je le sacrifiai sur le rivage en l'honneur du fils de Cronos*, Zeus aux sombres nuages. Mais le dieu refusa mon offrande.

Tout le jour, jusqu'au coucher du soleil, on mangea la viande abondante et on but le vin doux. Le soleil se coucha, les rues se couvraient d'ombre ; on s'endormit sur le rivage.

Quand parut l'aube aux doigts roses, j'ordonnai à mes compagnons d'embarquer et de larguer les amarres. Ils s'embarquèrent aussitôt et, assis en ordre sur les bancs, ils frappèrent de leurs rames la mer grise d'écume. Nous reprîmes la mer, contents d'avoir évité le trépas mais privés de nos chers compagnons.

Circé

Nous arrivâmes à l'île d'Éolie où habitait Éole, le fils d'Hippotas, cher aux dieux immortels. C'est une île flottante entourée d'un mur de bronze indestructible. Éole a douze enfants, six filles et six fils dans la fleur de l'âge. Il a marié ses filles à ses fils et tous passent le temps à banqueter auprès de leur père aimé et de leur noble mère. Le jour, la maison retentit de leurs cris dans la fumée des viandes ; la nuit, tous dorment près de leurs chastes épouses sur des lits sculptés.

Nous entrâmes dans la ville et dans leur belle demeure. Pendant tout un mois, Éole me reçut et m'interrogea sur tout : Troie, les navires et le retour des Achéens. Je lui racontai tout comme il faut, et quand je lui demandai de me laisser partir, il prépara mon retour : dans la peau d'un bœuf de neuf ans, il tailla une outre où il enferma pour moi les vents mugissants – le fils de Cronos l'en avait fait maître – puis il fit souffler le seul Zéphyr qui devait nous ramener tous, navires et hommes, à Ithaque. Hélas ! Il n'en fut pas ainsi : la folie allait nous perdre.

Pendant neuf jours et neuf nuits, sans relâche on navigua. Le dixième jour, les champs de la patrie apparaissaient déjà ; on voyait, tout près, les feux des bergers. Alors le doux sommeil me prit : j'étais épuisé. J'avais tenu sans cesse le gouvernail, ne le cédant à aucun de mes compagnons ; je voulais arriver vite. Cependant mes hommes se mirent à discuter entre eux : ils me soupçonnaient de rapporter dans l'outre de l'or et de l'argent, cadeau du généreux Éole. Leur décision fut vite prise ; ils délièrent l'outre. Tous les vents en jaillirent. Aussitôt la tempête déchaînée nous remporta vers le large. Réveillé, je me demandais dans mon cœur irréprochable si j'allais me jeter à la mer pour mourir ou rester et souffrir en silence. Je restai, je souffris, caché au fond du navire tandis que les vents maudits nous ramenaient vers l'île d'Éolie et que mes compagnons se lamentaient.

On débarqua, on puisa de l'eau, on mangea près des rapides navires. Alors je choisis un héraut et un compagnon et j'allai chez Éole. Il mangeait auprès de sa femme et de ses enfants. Sitôt arrivés, nous nous assîmes sur le seuil. Eux, stupéfaits, m'interrogèrent :

– Pourquoi es-tu revenu, Ulysse ? Quel dieu t'a porté malheur ?

Je répondis tristement :

– Mes mauvais compagnons m'ont perdu. Amis, venez-moi en aide ; vous en avez le pouvoir.

Je dis, mais ils restèrent muets ; leur père me répondit :

– Hors de cette île, ô le pire des vivants ! Il ne m'est pas permis d'aider un homme que haïssent les dieux bienheureux ; car si tu es revenu, c'est que les dieux bienheureux te haïssent.

Il dit et me chassa de sa demeure. Nous reprîmes la mer tristement, sans espoir de retour.

On navigua six jours et six nuits. Le septième jour on arriva au pays des Lestrygons. On aborda le port que surmonte de chaque côté une haute falaise ; l'entrée en est étroite. C'est là, au fond du port, que mes compagnons conduisirent tous les navires arqués. Ils les amarrèrent côte à côte.

Moi seul, je restai au-dehors ; j'amarrai mon noir vaisseau aux rochers du cap puis j'escaladai la roche jusqu'au sommet. Je ne vis ni terre labourée ni plantations mais juste de la fumée monter du sol. Alors j'envoyai deux de mes hommes et un héraut en reconnaissance.

En chemin, ils rencontrèrent une jeune vierge, la fille du puissant Lestrygon Antiphatès. Ils lui demandèrent quel roi régnait sur son peuple ; aussitôt elle leur montra la haute demeure de son père.

Arrivés au palais, ils trouvèrent une femme aussi haute qu'une montagne. Sa vue les saisit d'épouvante. Vite, elle rappela de l'agora son mari, l'illustre Antiphatès, qui leur préparait un sombre destin. Il attrapa un de mes compagnons et le dévora sur-le-champ. Les deux autres, fuyant à toutes jambes, revinrent aux navires. Mais Antiphatès avait donné l'alarme et les puissants Lestrygons, des géants plutôt que des hommes, se ruèrent de toutes parts, par milliers. Du haut des falaises ils lançaient d'énormes pierres. Un horrible tumulte montait des hommes massacrés, des navires écrasés. Les Lestrygons harponnaient les hommes comme des poissons et les emportaient pour en faire leur sinistre repas. Tandis qu'ils les tuaient au fond du port, je tirai mon épée et tranchai les amarres de mon noir vaisseau. Vite, j'ordonnai à mes compagnons de se courber sur les rames pour fuir ce malheur. Tous ensemble, redoutant la mort, firent jaillir l'eau de la mer. Notre navire gagna joyeusement la haute mer, mais tous les autres navires sombrèrent en ce lieu.

Nous reprîmes la mer, contents d'avoir évité le trépas mais privés de nos chers compagnons.

Nous arrivâmes à l'île d'Aiaié où habitait Circé aux cheveux bouclés, la terrible déesse qui parle le langage des hommes. Notre navire aborda en silence au fond d'une rade ; un dieu nous conduisait. On débarqua. Deux jours et deux nuits nous restâmes couchés, accablés de fatigue et de douleur. Mais quand l'aube aux cheveux bouclés amena le troisième jour, prenant ma lance et mon épée aiguë, je grimpai sur une hauteur d'où je pourrais voir les travaux des mortels, entendre des voix. Du haut du rocher, je vis monter de la terre aux chemins ouverts, à travers une forêt de chênes, la fumée du palais de Circé. Je me demandai si j'irais en reconnaissance. Il me parut plus sage de regagner mon rapide navire, de donner le repas à mes compagnons et d'envoyer reconnaître le pays.

Comme j'approchai de mon navire, un dieu mit sur ma route un grand cerf qui descendait boire au fleuve. Il avança ; je le frappai en plein dos, à l'échine. La lance de bronze le traversa, il s'effondra dans la poussière en bramant, et son âme s'envola. Je le portai jusqu'au rivage et, le jetant sur le sol, je réveillai mes compagnons.

– Amis, malgré nos souffrances, ce n'est pas aujourd'hui que nous descendrons aux demeures d'Hadès*; le jour fatal n'est pas encore venu. Allons ! Tant qu'il y aura de quoi boire et manger à bord, songeons à nous nourrir et à ne pas mourir de faim.

Ainsi tout le jour, jusqu'au coucher du soleil, on mangea la viande abondante et on but le vin doux. Le soleil se coucha, les rues se couvraient d'ombre ; on s'endormit sur le rivage. Et quand parut l'aube aux doigts roses, ayant rassemblé mon équipage, je dis :

– Amis, écoutez-moi et supportez nos malheurs ! Du rocher où je suis monté, j'ai vu que nous sommes sur une île qu'enserre la mer à l'infini. J'ai vu de la fumée s'élever au milieu d'une forêt de chênes.

Je dis et leur cœur se brisa. Ils se souvenaient des crimes du Lestrygon Antiphatès, des violences du Cyclope mangeur d'hommes. Ils pleuraient, poussaient des hauts cris. Mais à quoi bon se lamenter ? Je divisai mes compagnons guêtrés en deux troupes et donnai un chef à chacune : je commandai l'une, Euryloque, pareil aux dieux, commanda l'autre. On jeta les sorts* dans un casque de bronze ; ce fut celui du généreux Euryloque qui sortit. Il partit aussitôt, escorté de vingt-deux hommes en larmes. Nous aussi nous pleurions.

Ils trouvèrent dans une vallée, en un lieu découvert, la demeure de Circé. Tout autour erraient des loups de montagne et des lions que Circé avait ensorcelés avec ses maudites drogues. Ils ne se jetèrent pas sur les hommes mais ils en approchaient en remuant leurs longues queues comme des chiens flattant leur maître qui revient du festin car il en rapporte souvent des douceurs.

Effrayés, mes compagnons s'arrêtèrent devant la porte de la déesse aux cheveux bouclés. Ils l'entendaient chanter à belle voix ; elle tissait une longue toile. Politès, le plus sage de mes compagnons, celui que je préférais, parla le premier :

– Amis, quelqu'un tisse ici une longue toile et chante à belle voix. Est-ce une déesse ou une mortelle ? Crions pour voir !

Il dit et tous crièrent et appelèrent. Circé sortit aussitôt, ouvrit les portes étincelantes et les invita. Tous, dans leur inconscience, la suivirent. Seul Euryloque resta : il soupçonnait un piège. Circé les fit entrer, asseoir sur des sièges et dans des fauteuils, puis elle leur mêla du fromage, de la farine et du miel dans du vin de Pramnos ; elle ajouta au breuvage une drogue pour leur faire oublier la patrie. Elle leur tendit la coupe, ils la vidèrent. Aussitôt, de sa baguette, elle les enferma dans la porcherie. De cochons, ils avaient la tête, la voix, le corps et les soies ; seul leur esprit resta le même. Ainsi enfermés, ils pleuraient. Circé leur servit à manger : des glands, des fruits de cornouiller, tout ce que mangent les cochons qui se vautrent à terre.

Euryloque revint en hâte au navire rapide et noir nous annoncer le triste sort de nos compagnons. Il ne pouvait parler malgré tout son désir : son cœur était frappé d'une trop grande douleur, ses yeux se remplissaient de larmes, il ne pensait qu'à gémir. Enfin comme nous l'interrogions, il parvint à nous raconter la perte de ses compagnons.

Je jetai sur mes épaules mon grand glaive de bronze à clous d'argent et par-dessus, mon arc et je quittai aussitôt le navire et la mer.

Comme j'avais traversé la vallée sacrée et que j'arrivais à la haute demeure de Circé l'empoisonneuse, Hermès à la baguette d'or vint vers moi sous l'aspect d'un jeune homme en sa première barbe. Il me prit la main et dit :

– Malheureux ! Où vas-tu, seul, entre ces collines, sans connaître les lieux ? Tes compagnons sont prisonniers de Circé ; comme des cochons, ils sont parqués dans des soues bien closes. Viens-tu les délivrer ? Prends donc cette herbe ; elle éloignera de toi le jour fatal. Écoute ! Circé va te préparer un breuvage où elle versera une drogue. Mais elle ne pourra t'ensorceler ; l'herbe que je vais te donner l'en empêchera. Quand elle t'aura touché de sa longue baguette, jette-toi sur elle comme pour la tuer. Alors, pleine de crainte, elle t'invitera à coucher avec elle. Ne va pas refuser le lit d'une déesse ! Elle peut délivrer tes compagnons et te reconduire. Mais demande-lui de jurer par le grand serment des dieux qu'elle ne te tendra pas d'autres pièges et que, t'ayant mis nu, elle ne t'enlèvera pas ta virilité.

Ayant ainsi parlé, le Messager rapide et clair me donna l'herbe et s'envola vers le grand Olympe. Je me mis en chemin ; mon cœur roulait mille pensées.

Je m'arrêtai devant la porte de la déesse aux cheveux bouclés et l'appelai. Elle sortit aussitôt, ouvrit les portes étincelantes et m'invita. Je la suivis, le cœur triste. Elle me fit entrer, asseoir sur un siège à clous d'argent, puis elle me prépara dans une coupe d'or le mélange que je devais boire et y ajouta la drogue. Elle me tendit la coupe, je la vidai. La drogue fut sans effet. Alors elle me frappa de sa baguette et dit :

– Va te vautrer avec tes compagnons !

Elle dit, mais je tirai mon épée aiguë et me

jetai sur elle comme pour la tuer. Elle poussa un grand cri, se jeta à mes pieds et me prit les genoux.

– Qui es-tu ? Qui sont tes parents, ta cité ? C'est merveille qu'ayant bu cette drogue tu n'aies pas été ensorcelé ! Serais-tu cet Ulysse aux mille ruses, celui dont Hermès à la baguette d'or m'avait prédit qu'il viendrait à son retour de Troie sur son navire rapide et noir ? Mais rengaine ton épée ! Viens dans mon lit, que l'amour nous unisse !

Elle dit et je lui répondis :

– Circé, comment peux-tu me demander d'être doux, toi qui as changé mes compagnons en porcs ? Tu m'invites à monter sur ton lit mais c'est pour m'enlever, lorsque je serai nu, ma virilité ! Non, je ne monterai pas sur ton lit à moins que tu ne jures par le grand serment des dieux que tu ne me tendras pas d'autres pièges.

Je dis et aussitôt elle jura. Quand elle eut prononcé tout le serment, je montai sur le beau lit de la déesse.

Cependant ses quatre servantes s'agitaient dans la demeure. L'une jetait sur les fauteuils de belles couvertures pourpres. Une autre dressait face aux fauteuils des tables d'argent et y posait des corbeilles d'or. Une troisième mêlait le vin doux et mielleux dans un cratère d'argent et plaçait les coupes d'or. La quatrième apporta de l'eau, alluma le feu sous un grand trépied et fit chauffer l'eau. Puis elle me mit au bain et me lava la tête et les épaules. Quand elle m'eut lavé et parfumé d'huile fine, elle me revêtit d'une tunique et d'un beau manteau et me fit asseoir dans un fauteuil à clous d'argent. Circé m'invita à manger, mais mon cœur n'y était pas. Je dis :

– Circé, si c'est de bon cœur que tu m'invites à boire et à manger, alors délivre avant tout mes compagnons, que je les voie !

Je dis et Circé, sa baguette à la main, quitta la salle. Elle ouvrit les portes de la porcherie, en chassa mes compagnons pareils à des porcs de neuf ans. Elle les frotta d'une autre drogue, et les soies qui recouvraient leur corps tombèrent sur-le-champ. Ils étaient redevenus des hommes, mais plus jeunes, plus beaux et plus grands qu'autrefois. M'ayant reconnu, ils me prenaient la main, pleuraient de joie. La déesse, elle-même, était prise de pitié. Elle s'approcha et me dit :

– Enfant de Zeus, fils de Laërte, ingénieux

Ulysse, va maintenant vers ton navire rapide, au bord de la mer. Fais tirer d'abord ton bateau sur le sable ; cachez ensuite vos richesses et vos armes dans une grotte et reviens avec tes fidèles compagnons.

Elle dit et mon cœur généreux fut persuadé. Je retournai en hâte à mon navire rapide, au bord de la mer. Je trouvai mes fidèles compagnons gémissant misérablement et pleurant beaucoup. Quand ils me virent, ils m'entourèrent, éclatèrent en sanglots, aussi émus que s'ils avaient revu leur patrie, leur Ithaque hérissée de rochers. Mais je leur dis :

– Tirons d'abord le navire sur le sable et cachons nos richesses et nos armes dans une grotte. Suivez-moi vite chez Circé. Vous y reverrez vos compagnons qui mangent, boivent et ne manquent de rien.

Je dis et ils obéirent.

Cependant, dans sa demeure, Circé baignait et parfumait d'huile mes autres compagnons. Elle les revêtit de tuniques et de beaux manteaux et nous les trouvâmes au repas. Alors, de se revoir, de se retrouver, ils pleuraient et gémissaient.

On resta là toute une année à manger la viande abondante, à boire le vin doux. Mais à la fin de l'année, quand les saisons recommencèrent leur tour, mes fidèles compagnons me pressèrent de songer au retour.

Quand la nuit fut tombée, je montai sur le lit de Circé, et, saisissant ses genoux, je la suppliai :

– Tiens ta promesse, Circé, renvoie-moi dans ma maison ! C'est là le souhait de mon cœur et celui de mes hommes.

La divine me répondit :

– Enfant de Zeus, fils de Laërte, ingénieux Ulysse, vous ne resterez pas chez moi à contre-cœur. Mais il faut accomplir un autre voyage : entrer dans les demeures d'Hadès et de la terrible Perséphone* pour y consulter l'âme du Thébain Tirésias*, le devin aveugle.

Elle dit et mon cher cœur se brisa. Je pleurais, je ne voulais plus vivre ni voir la lumière du soleil. Enfin ayant tari mes larmes je lui dis :

– Circé, qui me montrera le chemin ? Personne n'est jamais arrivé chez Hadès sur un noir vaisseau.

Je dis et la divine me répondit :

– Enfant de Zeus, fils de Laërte, ingénieux Ulysse, ne te soucie pas du pilote ! Dresse le mât, déploie les voiles blanches, le Borée conduira ton navire. Mais lorsque tu auras traversé l'Océan*, tu aborderas les bois sacrés de Perséphone où poussent de hauts peupliers et des saules stériles. Arrête là ton navire et descends dans le palais moisi d'Hadès. Au confluent du Pyriphlégéton* et du Cocyte*, là où les deux fleuves tonnants se jettent dans l'Achéron*, s'élève un rocher. Approche-t'en et creuse une fosse d'une coudée en long et en large. Fais tout autour les libations aux morts : de lait miellé d'abord, puis de vin doux, et enfin d'eau. Répands par-dessus la farine blanche. Invoque alors longtemps les têtes sans force des morts et promets-leur de sacrifier sur un bûcher, dès ton retour à Ithaque, ta meilleure vache stérile. Promets en outre de sacrifier au seul Tirésias un bélier entièrement noir. Quand tu auras prié les âmes illustres des morts, sacrifie un agneau et une brebis noire vers l'Érèbe* ; mais toi, détourne-toi ! Regarde dans les eaux du fleuve ! Les âmes des morts qui ne sont plus accourront en nombre. Ordonne alors à tes compagnons d'écorcher les animaux égorgés et de les brûler en l'honneur du vaillant Hadès et de la terrible Perséphone. Quant à toi, tire ton épée aiguë et empêche les têtes sans force des morts de boire le sang tant que Tirésias n'aura pas parlé. Le devin arrivera bientôt, il te montrera ta route et comment revenir sur la mer poissonneuse.

Elle dit et aussitôt l'aube parut sur son trône d'or. J'allai réveiller mes compagnons.

– Debout! Il faut partir, la divine Circé le permet.

Je dis et leur cœur genéreux fut persuadé. Quand ils furent réunis, je leur dis.

– Vous croyiez peut-être partir pour Ithaque, mais Circé nous ordonne de suivre une autre route vers les demeures d'Hadès et de la terrible Perséphone pour y consulter l'âme du Thébain Tirésias.

Je dis; leur cher cœur se brisa. Assis, ils pleuraient et s'arrachaient les cheveux. Mais à quoi bon se lamenter? On rejoignit le navire rapide et le bord de la mer. Circé nous apportait un agneau et une brebis noire.

LE PAYS DES MORTS

Quand on eut rejoint le rivage, on mit tout d'abord le navire à la mer; on dressa le mât, on déploya les voiles blanches et on chargea les bêtes. Enfin on s'embarqua. Circé, la déesse aux cheveux bouclés, fit souffler un bon vent et la voile se gonfla. Assis, on se laissait conduire par le pilote et le vent. Tout le jour, le navire à proue bleue courut sur la mer toutes voiles dehors. Le soleil se coucha, les rues se couvraient d'ombre quand le navire arriva aux limites du profond Océan.

C'est là que vivent les Cimmériens, dans le brouillard et les nuées que les rayons du soleil ne percent jamais. Une nuit de mort enveloppe sans cesse ces misérables. On échoua le navire. On sortit les bêtes et on longea l'Océan jusqu'au lieu que nous avait indiqué Circé. De mon épée aiguë, je creusai une fosse d'une coudée en long et en large. Je fis tout autour les libations aux morts de lait miellé d'abord, puis de vin doux, et enfin d'eau. Par-dessus, je répandis la farine blanche. J'invoquai alors longtemps les têtes sans force des morts. Je leur promis de sacrifier sur un bûcher, dès mon retour à Ithaque, ma meilleure vache stérile. Je promis en outre de sacrifier au seul Tirésias un bélier entièrement noir. Quand j'eus prié le peuple des morts, j'égorgeai les bêtes sur la fosse ; le sang noir coula Alors les âmes des morts qui ne sont plus surgirent en nombre de l'Érèbe. Toutes accouraient autour de la fosse, poussaient des cris terribles. La verte peur me saisit. J'ordonnai à mes compagnons d'écorcher les animaux égorgés et de les brûler en l'honneur du vaillant Hadès et de la terrible Perséphone. Moi, tirant mon épée aiguë, j'empêchai les têtes sans force des morts de boire le sang tant que Tirésias n'aurait pas parlé.

Bientôt l'âme du Thébain Tirésias arriva, son sceptre d'or à la main. Il me reconnut et me dit :

– Malheureux ! Pourquoi quitter la lumière du soleil et venir chez les morts en leur triste pays ? Mais écarte-toi que je boive le sang et te dise la vérité !

Il dit ; je m'écartai et remis au fourreau mon

épée à clous d'argent. Il but le sang noir et ce devin irréprochable me dit :

– Tu désires un doux retour, illustre Ulysse, mais un dieu te le rendra amer. Je ne crois pas que Celui qui ébranle la terre te pardonne en son cœur d'avoir aveuglé son fils. Pourtant, il se peut que vous arriviez, au terme de longues souffrances. Mais il te faudra savoir contenir ton cœur et retenir tes hommes lorsque ton solide navire abordera l'île du Trident. Vous y verrez paître les bœufs et les gras moutons du Soleil*, le dieu qui voit tout, entend tout. Si tu les laisses sains et saufs, si tu songes au retour, alors vous rentrerez tous à Ithaque ; mais si tu les blesses, je te prédis la perte de ton navire et de tes compagnons. Tu en réchapperas seul, et, comme un misérable, ayant perdu tous tes compagnons, tu reviendras sur un navire étranger pour souffrir encore en arrivant chez toi. Tu y verras des hommes impudents gaspiller tes richesses et courtiser ta femme. Mais sans doute te vengeras-tu à ton retour. Voilà, j'ai dit et c'est la vérité.

Il dit et je lui répondis :

– Tirésias, c'est donc là le sort que m'ont

réservé les dieux ! Mais parle-moi franchement ; je vois l'âme de ma mère morte ; elle se tait et reste loin du sang sans oser regarder son fils ni lui parler. Comment me reconnaîtra-t-elle ?

– Tous les morts à qui tu laisseras boire le sang te diront la vérité ; les autres s'éloigneront.

Ayant ainsi parlé, l'âme du roi Tirésias rentra dans les demeures d'Hadès. Je restai sans bouger jusqu'à ce que ma mère vînt boire le sang noir. Alors elle me reconnut et me dit en gémissant ces paroles ailées :

– Mon fils, comment as-tu pu venir vivant dans ces ténèbres de brume ? Viens-tu de Troie sur ton navire avec tes compagnons ? N'as-tu pas encore revu Ithaque, ta demeure, ta femme ?

Elle dit et je lui répondis :

– Ma mère, on m'a obligé à venir chez Hadès pour interroger l'âme du Thébain Tirésias. Je n'ai pas encore abordé la Grèce ni foulé notre sol. J'erre, accablé de malheurs depuis ce jour où j'ai suivi à Troie le divin Agamemnon. Mais toi, parle-moi franchement : comment la mort cruelle t'a-t-elle domptée ? Parle-moi de mon père, de mon fils ! Ont-ils encore mon pouvoir entre leurs mains ou bien est-ce un autre qui l'a pris ? Ne dit-on pas que je ne rentrerai plus ? Et ma femme ? Apprends-moi ses projets, ses pensées ! Reste-t-elle auprès de son enfant ? Garde-t-elle mes richesses ? Ou quelque noble Achéen l'a-t-il déjà épousée ?

Je dis et ma noble mère aussitôt me répondit :

– Elle reste dans ton palais à pleurer jour et nuit. Personne ne s'est emparé de ton beau pouvoir ; Télémaque administre en paix tes terres et assiste aux festins comme il convient aux rois qui rendent la justice. Ton père, lui, vit aux champs ; il ne vient plus à la ville. Il n'a ni lit, ni manteau, ni couverture. L'hiver, il dort, comme ses serviteurs, dans les cendres près du foyer, et se couvre de haillons. Quand viennent l'été puis l'automne, il se fait dans ses vignes un lit de feuilles mortes et s'y couche tristement. Sa douleur grandit dans son cœur ; il pleure ton retour ; c'est la dure vieillesse qui vient ! Quant à moi, je suis morte, j'ai subi mon destin. C'est le regret, le chagrin de ton absence, mon noble Ulysse, et le souvenir de ta douceur qui m'ont ôté la vie.

Elle dit, et moi je voulais serrer dans mes bras l'âme de ma mère morte. Trois fois je m'élançai, mon cœur me poussait; trois fois, comme une ombre ou un songe, elle s'envola entre mes mains. À chaque fois ma douleur devenait plus vive. Je lui dis ces paroles ailées:

– Ma mère, pourquoi ne pas m'attendre quand je veux t'embrasser?

Je dis et ma noble mère répondit:

– Hélas, mon enfant, le plus malheureux de tous les hommes! C'est la loi pour tous les mortels à leur mort: les nerfs ne soutiennent plus les chairs ni les os; le feu les consume et l'âme s'envole comme un songe. Mais retourne vers la lumière et souviens-toi de ces choses pour les redire à Pénélope.

Nous parlions ainsi... Mais que dire? Voici l'heure de dormir. Vous, nobles Phéaciens, et les dieux, prenez soin de mon départ!

Il dit; tous gardaient le silence; ils étaient sous le charme dans la demeure obscure. La première, Arété aux bras blancs prit la parole:

– Phéaciens, que dire de ce héros, de sa beauté, de sa grandeur, de son esprit mesuré? Il est mon hôte, bien sûr, mais l'honneur est pour tous. Ne le renvoyez pas trop vite ; offrez-lui encore des présents car il n'a rien et nos palais, grâce aux dieux, regorgent de richesses.

Alors Alkinoos dit :

– Que notre hôte reste, qu'il attende le matin afin que j'aie le temps de réunir tous les présents ! Ulysse, on voit bien que tu n'es pas menteur et voleur ; ton récit est digne d'un aède. Mais la nuit sera longue ; il n'est pas encore temps de dormir. Raconte-moi tes travaux admirables. Je t'écouterais jusqu'à l'aube si tu voulais nous dire tes malheurs.

Il dit et le subtil Ulysse lui répondit :

– Roi Alkinoos, honneur de tout ce peuple, il y a un temps pour les histoires et un temps pour le sommeil, mais si tu désires m'entendre encore, je ne te refuserai pas le récit de ces misères.

Après l'âme de ma mère, survint l'âme affligée de l'Atride* Agamemnon*. Les âmes de ceux qui avaient péri avec lui dans la demeure d'Égisthe* l'entouraient. Il but le sang noir et aussitôt me reconnut. Alors il pleura, versa des larmes amères ; il tendait les bras pour me toucher mais sa force d'autrefois l'avait quitté. À sa vue, pris de pitié, je pleurai et lui dis :

– Atride Agamemnon, chef des guerriers, comment la mort cruelle t'a-t-elle dompté ? Poséidon a-t-il coulé tes navires en excitant les vents terribles ? Des ennemis t'ont-ils abattu sur la terre quand tu volais des bœufs et de beaux troupeaux de brebis ? Ou bien es-tu mort au combat, pour une ville ou une femme ?

Je dis et aussitôt il me répondit :

– Enfant de Zeus, fils de Laërte, ingénieux Ulysse, rien de tout cela ! Non, c'est Égisthe qui m'a infligé la mort avec l'aide de ma maudite femme. Il m'avait convié chez lui au repas ; c'est là qu'il m'a tué comme un bœuf à l'étable. J'ai subi une mort lamentable. Autour de moi, mes compagnons ont été égorgés comme des porcs aux dents blanches. Nous gisions autour du cratère et des tables chargées de mets ; le sol fumait de sang. J'entendais le cri de Cassandre*, la fille de Priam, que la perfide Clytemnestre* égorgeait auprès de moi. Je mourus transpercé par l'épée mais la chienne s'éloigna sans vouloir fermer mes yeux ni ma bouche alors que je descendais chez Hadès.

Quoi de plus effrayant, de plus immonde, qu'une femme qui médite un tel crime ? Elle avait préparé le meurtre infâme de son époux, moi qui croyais rentrer chez moi pour la joie de mes enfants et de mes serviteurs ! Cette misérable couvrira de honte toutes les femmes, fussent-elles vertueuses ! Aussi désormais, ne sois jamais trop bon pour ta femme. Ne lui confie pas tous tes projets ; n'en dis qu'une partie ; le reste, cache-le ! Mais toi, Ulysse, ce n'est pas ta femme qui te perdra : la sage Pénélope nourrit de bonnes pensées dans son esprit. Pourtant, garde bien mon conseil en tête : aborde en secret la terre de tes aïeux, ne te montre pas ; il ne faut pas se fier aux femmes !

Nous parlions ainsi, tristes et répandant des larmes, lorsque survint l'âme d'Achille, fils de Pélée, et celle de Patrocle. L'âme d'Achille aux pieds légers me reconnut et me dit ces paroles ailées :

– Enfant de Zeus, fils de Laërte, ingénieux Ulysse, comment as-tu pu concevoir une action plus audacieuse que tes exploits passés ? Tu as osé venir chez Hadès où habitent les fantômes des hommes morts !

Il dit et je lui répondis :

– Achille, fils de Pélée, ô le plus brave des Achéens, je suis venu consulter Tirésias pour qu'il me dise comment rentrer dans mon Ithaque hérissée de rochers, car je n'ai pas encore foulé le sol de ma patrie et je souffre toujours. Mais toi, Achille, jamais mortel ne sera plus heureux que toi : de ton vivant, les Grecs t'honoraient comme un dieu, et maintenant tu règnes sur les morts.

Je dis et il me répondit :

- N'essaie pas de me consoler de la mort, illustre Ulysse ! J'aimerais mieux vivre et servir un pauvre paysan pouvant à peine se nourrir que régner sur tous les morts qui ne sont plus. Mais parle-moi de mon fils ; dis-moi ce que tu sais de mon père, l'irréprochable Pélée ! Hélas ! Si j'étais encore là sous le soleil pour le soutenir tel que j'étais autrefois dans la plaine de Troie lorsque je combattais pour les Grecs et tuais les meilleurs guerriers !

Il dit et je lui répondis :

– Je ne sais rien de l'irréprochable Pélée, mais sur ton fils, Néoptolème, je vais te dire toute la vérité comme tu le souhaites. C'est moi-même qui l'ai conduit de l'île de Skyros vers l'armée des Achéens à bord de mon creux navire. Dans les assemblées qu'on réunissait sous les murs de Troie, il parlait le premier et toujours à propos. Seuls le divin Nestor* et moi le surpassions. Lors des combats, jamais il ne restait dans la foule des guerriers; il courait devant, plein d'ardeur. Il tua tant de guerriers dans l'effroyable combat que je ne pourrais tous les nommer. Et dans le cheval qu'avait fait Épéios*, je vis bien des chefs trembler de peur, mais lui, je ne le vis ni pâlir ni trembler. Il me suppliait de le laisser sortir du cheval; il tâtait son épée et sa lance de bronze en songeant au massacre des Troyens. Quand nous eûmes pillé la citadelle de Priam*, il s'embarqua sain et sauf sur son navire, emportant avec lui sa part du butin et sa prime de chef.

Je dis et l'âme d'Achille aux pieds légers s'éloigna à travers la prairie d'asphodèles, heureux d'avoir appris la gloire de son fils. Les autres âmes des morts s'avançaient tristement et me disaient leurs douleurs.

Je vis Minos*, l'illustre fils de Zeus, tenant son sceptre d'or. Assis, il jugeait les morts qui se levaient tour à tour pour défendre leur cause dans la demeure d'Hadès aux larges portes.

Je vis Tantale* subissant de cruelles douleurs. Debout dans un lac dont l'eau lui touchait le menton, il avait soif et ne pouvait boire : chaque fois que le vieillard se penchait pour boire, l'eau baissait, absorbée, et la terre noire apparaissait à ses pieds, asséchée par un dieu. Au-dessus de sa tête, de hauts arbres laissaient pendre leurs fruits ; c'étaient des poiriers, des grenadiers, des pommiers aux fruits splendides, des figuiers doux, des oliviers vigoureux. Chaque fois que le vieillard voulait les cueillir, le vent les soulevait jusqu'aux sombres nuages.

Je vis Sisyphe* subissant de cruelles douleurs. Il poussait de ses mains, de ses pieds un énorme rocher vers le sommet d'une montagne. Mais quand il était sur le point d'atteindre le sommet, une force faisait retomber l'énorme rocher qui roulait jusqu'en bas sans pitié. Mais lui, tendant ses muscles, recommençait ; la sueur ruisselait sur ses membres et un nuage de poussière entourait sa tête.

Je restai sans bouger ; j'espérais voir encore

quelques-uns des héros d'autrefois, mais l'innombrable peuple des morts s'assembla, poussa des cris terribles. La verte peur me saisit. Je craignis que l'illustre Perséphone ne m'envoyât de l'Hadès la tête de Gorgo, cet horrible monstre.

Je retournai en hâte au navire ; j'ordonnai à mes compagnons d'embarquer, de détacher l'amarre. Aussitôt ils s'assirent sur les bancs et le courant nous emporta sur le fleuve Océan.

Charybde et Scylla

Quand le navire eut quitté le fleuve Océan, il courut sur le flot de la mer immense vers l'île d'Aiaié où l'aube née du matin a sa demeure, où se lève le soleil. Arrivés là, nous tirâmes le navire sur le sable et, descendus sur le rivage, nous nous endormîmes en attendant l'aube divine.

Quand parut l'aube aux doigts roses, Circé vint en hâte; ses servantes apportaient du pain, de la viande en abondance et du vin rouge aux reflets de feu. La divine nous dit.

– Malheureux qui êtes descendus vivants chez Hadès, vous mourrez deux fois quand les hommes n'ont qu'une mort. Allons! Mangez et buvez pendant tout le jour; quand l'aube poindra, vous reprendrez la mer. Je vous dirai la route à suivre pour éviter d'autres malheurs.

Elle dit et nos cœurs furent persuadés. Tout le jour, jusqu'au coucher du soleil, on mangea la viande abondante et on but le vin doux. Le soleil se coucha, mes compagnons s'endormirent près des amarres. Mais Circé me prit par la main, me conduisit à l'écart et, s'étendant à mes côtés, elle me dit :

– Écoute ce que je vais te dire ! Tu rencontreras d'abord les Sirènes qui envoûtent tous les hommes qui les approchent. Il est perdu, celui qui les écoute par imprudence ! Sa femme et ses enfants ne le reverront jamais ! Car les sirènes l'envoûtent par leur chant clair, assises dans un pré près d'un grand tas d'os et de chairs en putréfaction. Ne t'arrête pas ! Bouche les oreilles de tes compagnons avec de la cire molle afin qu'aucun d'eux n'entende. Toi, écoute-les, si tu veux. Mais que tes compagnons te lient debout contre le mât par les pieds et les mains ; alors tu pourras goûter le plaisir du chant des Sirènes. Et si tu priais tes hommes, si tu leur ordonnais de te détacher, qu'ils resserrent les nœuds !

Lorsque vous les aurez dépassées, deux voies seront possibles ; je ne puis te dire laquelle choisir, tu décideras seul dans ton esprit. Je vais pourtant te les décrire. Il y a là deux hautes roches contre lesquelles retentit le grand flot d'Amphitrite* aux yeux sombres. L'une, de sa pointe, touche au ciel; un nuage sombre l'entoure en permanence, même en été ou en automne; aucun mortel ne pourrait y monter, eût-il vingt bras et vingt pieds, car c'est une pierre glissante et qu'on dirait polie. À mi-hauteur, il y a une caverne noire dont l'entrée est tournée vers l'Érèbe. C'est de cette caverne, Ulysse, qu'il faut approcher ton navire creux. Scylla, l'effroyable hurleuse aux cris de petit chien, y habite. C'est un monstre terrible et sa vue ne réjouit personne, pas même un dieu. Ses pieds – elle en a douze – sont tous difformes; chacun de ses six longs cous porte une tête horrible dont la gueule pleine de noire mort est plantée d'une triple rangée de dents serrées et nombreuses. Enfoncée à mi-corps dans la caverne creuse, elle tend ses têtes hors de l'antre terrible et saisit les dauphins, les chiens de mer et les monstres sans nombre que nourrit Amphitrite. Aucun marin ne peut se vanter d'être passé là sans dommage car chaque tête enlève un homme du navire à proue bleue.

L'autre écueil que tu verras à côté, Ulysse, est moins élevé. Au sommet pousse un grand figuier sauvage couvert de feuilles, et là-dessous, la divine

Charybde engloutit l'eau noire. Elle la r
et l'engloutit horriblement trois fois par jo
tu passais au moment où elle l'engloutit, Celui
ébranle la terre, lui-même, ne pourrait te sauver
Passe donc le long de Scylla; il vaut mieux perdre six de tes hommes que de les perdre tous.

Elle dit et je lui répondis:

– Parle, déesse, dis-moi la vérité. Ne pourrai-je attaquer Scylla quand elle saisira mes compagnons?

Je dis et la divine me répondit:

– Malheureux, tu songes encore à combattre? Tu ne veux pas céder, même aux dieux immortels! Scylla n'est pas mortelle; c'est un monstre cruel, terrible, inattaquable! Le temps que tu t'armes, elle se sera ruée de nouveau et emportera autant d'hommes qu'elle a de têtes. Non, vogue en toute hâte! Tu arriveras ensuite à l'île du Trident où paissent les bœufs et les gras moutons du Soleil. Il a sept troupeaux de bœufs et autant de brebis, chacun de cinquante têtes qui ne connaissent ni naissance ni mort. Si tu les laisses sains et saufs, si tu songes au retour, alors vous rentrerez tous à Ithaque; mais si tu les blesses, je te prédis la perte de ton navire et de tes compagnons.

Elle dit et aussitôt l'aube parut sur son trône d'or. La divine disparut dans l'île. Je retournai au navire, j'ordonnai à mes compagnons d'embarquer, de détacher l'amarre. Ils s'embarquèrent aussitôt et, assis en ordre sur les bancs, ils frappèrent de leurs rames la mer grise d'écume. Circé aux cheveux bouclés, la terrible déesse qui parle le langage des hommes, fit souffler un bon vent derrière le navire à proue bleue et la voile se gonfla. Assis, on se laissait conduire par le pilote et le vent. Alors je dis tristement à mes compagnons :

– Amis, il faut que vous sachiez ce que m'a prédit la divine Circé. Avant tout, elle nous conseille de fuir le chant et le pré fleuri des Sirènes. À moi seul elle permet de les entendre ; mais attachez-moi avec des cordes, debout contre le mât, pour que je ne puisse bouger, et si je vous prie, si je vous ordonne de me détacher, alors resserrez les nœuds !

Je disais, expliquant toute chose à mes compagnons. Le bon navire approchait rapidement de l'île des Sirènes, tant le vent favorable nous poussait. Mais bientôt il retomba, ce fut le calme plat : un dieu endormait le flot. Mes compagnons se levèrent, plièrent les voiles, les déposèrent aux creux du navire puis ils s'assirent et blanchirent l'eau de leurs rames. Moi, je découpai un grand morceau de cire que je pétris dans mes fortes mains. La cire s'amollit sous les feux du Soleil. Je bouchai les oreilles de tous mes compagnons et ils me lièrent debout contre le mât par les pieds et les mains. Alors, assis en ordre sur les bancs, ils frappèrent de leurs rames la mer grise d'écume.

On approcha à portée de la voix : le navire passa en vitesse mais les Sirènes l'aperçurent et entonnèrent leur chant :

– Viens, illustre Ulysse, gloire des Achéens ! Arrête ton navire ! Écoute notre voix ! Jamais mortel n'a doublé notre île sur son noir vaisseau sans écouter notre douce voix, il repart alors plein de joie et de savoir. Nous savons tout ce que les Grecs et les Troyens ont souffert sous les murs de la grande Troie ; nous savons tout ce qui arrive sur la terre nourricière.

Elles chantaient ainsi de leurs belles voix ; dans mon cœur je voulais les entendre. D'un signe des

sourcils je demandai à mes compagnons de me détacher ; mais ils se courbèrent sur la rame. Aussitôt Périmède et Euryloque resserrèrent les nœuds.

Quand on les eut dépassées et qu'on n'entendit plus leurs voix ni leur chant, mes fidèles compagnons retirèrent la cire de leurs oreilles et me détachèrent. Mais, à peine avions-nous doublé l'île, que je vis de la fumée, de hautes vagues dont j'entendis les coups sourds. Mes hommes, de terreur, laissèrent tomber les rames ; le navire n'avançait plus. Moi, courant entre les bancs, je les exhortai par de douces paroles.

– Amis, nous savons ce qu'est le malheur ! Rappelez-vous le Cyclope ! Par ma vertu, ma ruse et ma sagesse, nous lui avons échappé. Vous ne l'avez pas oublié, je pense. Allons ! Faites ce que je dis : frappez de vos rames le flot de la mer ! Toi, pilote, retiens bien ceci : dirige le navire hors de cette fumée et de ce courant et gagne cet autre écueil si tu veux nous éviter la mort !

Je dis et ils obéirent aussitôt. Je ne leur dis rien de Scylla pour qu'ils n'aillent pas, d'épouvante, lâcher les rames et se cacher au fond du navire.

On traversa le détroit en gémissant. D'un côté, c'est Scylla, de l'autre la divine Charybde engloutissant l'eau salée de la mer. Quand elle la revomit, elle bouillonne et mugit, l'écume jaillit jusqu'en haut des écueils. Quand elle l'engloutit de nouveau, on la voit bouleversée tout au fond, la roche rugit et le sable bleu du fond apparaît. La verte peur saisit mes compagnons. On regardait Charybde ; c'était d'elle que nous attendions notre perte. Mais Scylla enleva du navire creux six de mes plus braves compagnons. Je ne vis que leurs pieds et leurs mains passer dans l'air ; ils m'appelaient dans leur désespoir.

Quand on eut fui les horribles écueils de Charybde et Scylla, on arriva en vue de l'île admirable du Soleil, fils d'Hypérion*. C'est là que vivaient ses superbes bœufs au large front et ses grasses brebis. Déjà du noir vaisseau j'entendais mugir les bœufs, bêler les brebis. Alors je dis tristement à mes compagnons :

– Écoutez-moi en dépit de vos malheurs, compagnons ! Je vous dirai les oracles de Tirésias et de Circé qui me conseilla de fuir en hâte l'île du Soleil, joie des hommes. Elle m'a dit que le plus grand des malheurs nous attendait ici. Passons au large !

Je dis et leur cœur se brisa. Aussitôt Euryloque me répondit ces paroles funestes :

– Tu es dur pour nous, Ulysse ! Ta force est grande et tes membres ne sont jamais fatigués. Tu ne veux pas que tes compagnons qui tombent de fatigue et de sommeil descendent à terre ; tu veux que nous errions à l'aventure dans la nuit rapide, loin de cette île, sur la mer brumeuse. Comment éviter le trépas si brusquement survenait une tempête du Notos ou du violent Zéphyr, grands briseurs de navires ? Allons, cédons à la nuit noire et préparons notre repas près du vaisseau ! Demain, à l'aube, nous remonterons à bord pour regagner le large.

Ainsi parla Euryloque et mes hommes l'approuvèrent. Je savais qu'un dieu méditait leur perte ; je dis ces mots ailés :

– Euryloque, vous me forcez la main parce que je suis seul. Mais jure-moi, par un grand serment, que si nous trouvons des troupeaux de bœufs ou de brebis, aucun de vous n'ira commettre le crime d'en tuer. Mangez tranquillement les vivres que nous a donnés l'immortelle Circé.

Je dis et aussitôt ils me le jurèrent. Nous arrêtâmes donc le bon navire dans un port profond près d'une eau douce. Mes compagnons débarquèrent et préparèrent le repas. Quand on eut satisfait la soif et l'appétit, ils pleurèrent les compagnons que Scylla avait enlevés. Le doux sommeil les saisit. Mais au troisième tiers de la nuit, quand les astres s'inclinent, Zeus, l'assembleur des nuées, souleva en tourbillons un vent violent ; il enveloppa de brume la terre et la mer, l'obscurité tomba du ciel. Quand parut l'aube aux doigts roses, on tira le navire à l'abri dans une grotte profonde. Alors je réunis l'équipage.

– Amis, il y a dans le navire de quoi boire et manger. Abstenons-nous de ces bœufs car un dieu terrible les possède : le Soleil qui voit tout, entend tout.

Je dis et leur cœur généreux fut persuadé.

Tout un mois le Notos souffla sans cesse. Tant que mes compagnons eurent du pain et du vin rouge, ils ne touchèrent pas aux bœufs. Mais quand tous les vivres furent épuisés, il fallut faire sa proie des poissons, des oiseaux qui nous tombaient entre les mains. La faim torturait notre ventre.

Alors je m'enfonçai dans l'île pour prier les dieux, leur demander de m'indiquer le chemin du retour. Au cœur de l'île, loin de mes compagnons, je lavai mes mains à l'abri du vent et priai les dieux de l'Olympe. Comme ils faisaient tomber le doux sommeil sur mes paupières, Euryloque inspira à mes gens un projet fatal.

– Écoutez-moi en dépit de vos malheurs,

compagnons ! Toutes les morts sont odieuses aux misérables hommes, mais mourir de faim, quoi de plus lamentable ? Allons ! Chassons les meilleurs bœufs du Soleil et sacrifions-les aux dieux du large ciel. J'aime mieux mourir brusquement, noyé sous les flots que périr à petit feu sur cette île déserte.

Il dit et tous l'approuvèrent. Aussitôt ils chassèrent les meilleurs bœufs du Soleil – ils paissaient non loin du navire à proue bleue. Comme ils n'avaient pas d'orge blanche pour invoquer les Immortels, ils prirent les feuilles d'un grand chêne. Après avoir prié, ils égorgèrent les bœufs, les écorchèrent, découpèrent les cuisses, les couvrirent de graisse et posèrent dessus les morceaux crus. N'ayant pas de vin, ils firent les libations avec de l'eau puis grillèrent les entrailles. Les cuisses rôties et les entrailles mangées, ils hachèrent le reste en morceaux qu'ils embrochèrent.

C'est alors que le doux sommeil quitta mes paupières. En hâte, je regagnai le rivage et le navire rapide. Comme j'approchais, une douce odeur m'enveloppa. Gémissant, je criai vers les dieux immortels :

– Père Zeus et vous, dieux bienheureux, c'est pour mon malheur que vous m'avez envoyé ce sommeil ! Quel terrible crime ont commis mes compagnons restés seuls !

Aussitôt le Soleil en colère dit aux Immortels :

– Père Zeus et vous, dieux bienheureux, châtiez les compagnons du fils de Laërte ! Ils ont osé tuer les bœufs qui faisaient mon plaisir. Si je ne suis pas vengé, je descendrai chez Hadès pour éclairer les morts !

Zeus, l'assembleur des nuées, lui répondit :

– Soleil, continue d'éclairer les Immortels et les mortels sur la terre des bons labours ! Je ne tarderai pas à fracasser leur navire de ma foudre blanche au milieu de la mer couleur de vin.

J'appris cela de Calypso aux cheveux bouclés qui le savait d'Hermès, le messager.

Quand j'eus regagné le rivage et le navire, je m'en pris violemment à mes compagnons. Mais il n'y avait pas de remède : tous les bœufs étaient morts. Déjà les dieux nous montraient des prodiges : les peaux rampaient comme des serpents, les chairs mugissaient autour des broches, cuites ou crues ; on eût dit la voix des bœufs eux-mêmes.

Pendant six jours mes fidèles compagnons mangèrent les meilleurs bœufs du Soleil. Quand Zeus amena le septième jour, le vent tomba, la tempête cessa. On s'embarqua et on gagna le large. Aucune terre n'était en vue, on ne voyait que le ciel et la mer.

Alors le fils de Cronos suspendit un épais nuage au-dessus du navire creux. La mer devint noire. Aussitôt le strident Zéphyr souffla en tourbillons ; la tempête rompit le mât qui s'abattit sur la poupe, broyant les os de la tête du pilote. Zeus tonna et lança la foudre sur le navire qui tourbillonna et s'emplit de soufre. Mes hommes tombèrent à la mer. Pareils à des corneilles noires, ils étaient emportés ; un dieu leur refusait le retour. Moi, je marchais sur le pont quand une vague arracha la quille ; les flots l'emportaient. Le mât était à l'eau, mais une courroie de peau de bœuf y restait attachée. Je m'en servis pour lier mât et quille ensemble. M'asseyant là-dessus, je fus emporté par les vents de mort.

Pendant neuf jours je dérivai ainsi, et, la dixième nuit, les dieux me poussèrent sur le rivage d'Ogygie, l'île de Calypso, la déesse aux beaux cheveux, qui me recueillit et m'aima. Mais à quoi bon cette histoire ? Je vous l'ai racontée, à toi et à ta chaste épouse, hier, et je n'aime pas raconter deux fois les mêmes choses.

Le retour d'Ulysse

Dans la demeure obscure, tous gardaient le silence ; ils étaient sous le charme. Mais Alkinoos prit la parole, promit à nouveau le retour à Ulysse et demanda aux seigneurs d'apporter encore des cadeaux pour celui qui avait si bien parlé Chacun obéit et l'on alla se coucher.

Le lendemain, à la tombée de la nuit, Ulysse s'embarqua. Il s'endormit aussitôt, tandis que le navire, rapide comme l'épervier, fendait les flots innombrables. Quand la plus brillante des étoiles se leva, annonçant l'aube aux doigts roses, les marins déposèrent Ulysse endormi sur le sable d'Ithaque, dans un lieu retiré. Ils entreposèrent à ses côtés tous les dons des Phéaciens et reprirent sans tarder la mer. Alors qu'ils abordaient leur terre, Poséidon, dans sa fureur, changea leur navire en rocher et couvrit la cité d'Alkinoos d'une montagne.

Mais Ulysse s'éveillait. Il ne reconnut pas sa terre tout d'abord et il fallut qu'Athéna dessille ses yeux. Quelle ne fut pas sa joie alors ! Le héros embrassa la terre de ses aïeux.

Bien vite la déesse l'aida à cacher les dons des Phéaciens. Elle l'informa de l'état de son royaume et le pria de songer à se venger des prétendants qui, installés depuis trois ans dans son palais, dévoraient ses richesses, harcelaient Pénélope ! Mais il fallait d'abord se rendre chez Eumée, le porcher resté fidèle, et y attendre Télémaque qu'elle lui enverrait. Ayant parlé, elle transforma le héros en vieillard misérable, sale et vêtu de haillons afin qu'il

ne fût pas reconnu avant l'heure de la vengeance. Elle fit tomber ses cheveux blonds, flétrit sa peau, ternit ses yeux si beaux autrefois ; elle lui donna un bâton et une besace toute trouée.

C'est ainsi qu'Ulysse gagna la cabane du porcher. Le vieux serviteur, sans le reconnaître, lui raconta ses malheurs : son maître était parti depuis vingt ans déjà pour Troie et l'on ne savait rien de son retour. Il se plaignit des prétendants auxquels il lui fallait livrer chaque jour un verrat bien gras pour leurs festins, sans compter les bœufs, les béliers, le vin que ces impies réclamaient sans cesse ! La colère grondait dans le cœur d'Ulysse ; il couvait la mort de ces seigneurs insolents. Mais il ne dit rien. Eumée lui offrit le repas, et, quand la nuit tomba, il prêta à celui qu'il prenait pour un mendiant son propre manteau afin qu'il n'eût pas froid.

Le surlendemain, à l'aube, Télémaque débarqua en Ithaque. C'est Athéna qui l'avait renvoyé de Sparte où il était chez le roi Ménélas*. Le jeune prince se rendit chez Eumée. Le vieillard l'accueillit tendrement comme le père accueille son enfant qui revient d'une terre étrangère après dix ans d'absence. Lorsqu'ils eurent mangé, Télémaque envoya le porcher au palais pour qu'il annonce à Pénélope son retour.*

Alors Athéna redonna à Ulysse son apparence : elle le couvrit de beaux vêtements, le grandit, le rajeunit ; ses joues se regonflèrent, sa barbe redevint noire. Le prince crut d'abord à un dieu, mais son père le détrompa, se nomma, se fit reconnaître.

Télémaque l'embrassa, pleura. Le désir des larmes montait en eux. Ils gémissaient, s'étreignaient et la nuit les aurait surpris à pleurer encore s'ils n'avaient songé à préparer le massacre des prétendants. Voici ce qu'ils décidèrent :

Télémaque, le premier, retournerait au palais ; Ulysse, sous son apparence de mendiant, s'y ferait conduire par Eumée. Les prétendants ne manqueraient pas de l'insulter : il ne faudrait rien dire, tout supporter en silence jusqu'à l'heure du carnage. Personne ne devait apprendre le retour du maître ! Enfin, il faudrait, au moment choisi, retirer toutes les armes accrochées aux murs de la grande salle et les mettre au trésor, en ne laissant de côté que deux épées, deux lances et deux boucliers pour eux-mêmes.

Comme Eumée revenait, Athéna redonna à Ulysse son aspect de vagabond. Les trois hommes mangèrent et se couchèrent.

Le lendemain, Télémaque se rendit au palais Puis

ce fut le tour d'Ulysse et du divin porcher. En chemin, le roi subit les insultes et les coups du chevrier Mélanthios; il hésita dans son cœur: allait-il l'abattre d'un coup de son bâton? Mais il contint sa colère; il laissa dire et faire, sans bouger.

Comme ils arrivaient devant la demeure royale, un vieux chien couvert de tiques, abandonné sur le fumier, dressa la tête et les oreilles. C'était Argos, le chien que l'infortuné Ulysse avait nourri autrefois et dont personne ne s'occupait plus. Il avait reconnu son maître, remuait la queue, mais ne pouvait plus bouger. Ulysse, en le voyant, essuya une larme; hélas! la noire mort avait déjà saisi Argos.

Eumée entra dans le palais, suivi de près par Ulysse. Semblable à un mendiant misérable et vieux, le roi s'assit sur le seuil. Aussitôt Télémaque lui fit porter à manger et l'invita à mendier auprès des prétendants. Chacun des jeunes seigneurs lui donna une part; mais comme il suppliait Antinoos, leur chef, celui-ci l'insulta et le frappa d'un escabeau. Ulysse resta ferme comme une roche; il secoua la tête, ruminant la mort du prétendant. Lentement, il regagna le seuil, s'y assit et mangea.

Alors la sage Pénélope parut, accompagnée de deux servantes. Elle descendait de son étage et Athéna la faisait plus belle, plus souple, plus blanche. La reine s'arrêta à l'entrée de la grande salle, ramena ses voiles sur ses joues. Les prétendants sentirent leur cœur, leurs genoux défaillir: tous brûlaient de l'avoir dans leur lit. Pénélope prit la parole: elle blâma Télémaque de les avoir laissé maltraiter l'étranger, déclara son intention d'interroger l'hôte qui savait peut-être quelque chose d'Ulysse, puis elle invita les jeunes seigneurs à la combler de nouveaux présents. Ulysse, en silence, l'admirait. Chacun des prétendants envoya un héraut chercher un don. C'étaient des voiles, des anneaux d'or, des boucles, des colliers éclatants. Alors la reine regagna son étage; les servantes portaient les présents splendides. Les jeux, les danses, les chants reprirent. Le soir venait, la nuit tomba. Les prétendants, pris de vin, raillèrent encore le mendiant, mais à l'invite de Télémaque, chacun rentra dans sa demeure pour y dormir.

LA CICATRICE

Mais le divin Ulysse resta dans la grande salle, méditant avec Athéna la mort des prétendants. Il dit à Télémaque ces paroles ailées :

– Télémaque, il faut cacher les armes qui pendent aux murs. Quand les prétendants te demanderont où elles sont, tu leur diras ces paroles mielleuses : « Je les ai mises à l'abri des fumées ; quand Ulysse partit pour Troie, elles étaient intactes, mais depuis les vapeurs du feu les ont rouillées. » Mais le fils de Cronos me donne une meilleure idée : « J'ai craint que, pris de vin et vous querellant, vous n'alliez vous blesser et souiller le repas : le fer attire l'homme... »

Il dit et Télémaque obéit à son père, appela la nourrice Euryclée et lui dit :

– Nourrice, enferme les femmes dans les chambres pendant que je porte au trésor les armes de mon père. Depuis son départ, nul n'en prend soin et la fumée les a rouillées.

Il dit et la nourrice ferma les portes des chambres. Ulysse et son illustre fils emportèrent en hâte les casques, les boucliers bombés et les lances aiguës. Enfin Ulysse dit à Télémaque ces paroles ailées :

– Maintenant, va te coucher ! Moi, je resterai ici pour éprouver les servantes et ta mère.

Il dit ; Télémaque quitta la salle et regagna sa chambre à la lueur des torches. C'est là qu'il dormit jusqu'à l'aube divine. Le divin Ulysse restait dans la grande salle, méditant avec Athéna la mort des prétendants.

La sage Pénélope sortit alors de sa chambre, pareille à Artémis ou à l'Aphrodite* d'or. Ses servantes placèrent devant le feu le siège d'ivoire et d'argent où elle avait coutume de s'asseoir. Les femmes aux bras blancs sortaient de la grande salle, emportant les pains, les tables et les coupes qu'avaient vidées les prétendants insolents. Elles jetèrent le feu des torchères et y remirent du bois pour éclairer et chauffer. Alors Mélantho, la sœur du chevrier, injuria Ulysse.

– Te voilà à traîner encore dans la salle, étranger ! Hors d'ici, misérable ! Ou je m'en vais te frapper de ce tison !

Le subtil Ulysse, la toisant d'un œil sombre, lui dit :

– Malheureuse ! Pourquoi m'outrager furieusement ? Est-ce parce que je suis vêtu de haillons et que je mendie ? J'y suis forcé ; c'est le sort des mendiants et des vagabonds. Moi aussi, autrefois, j'habitais une riche demeure et je donnais aux vagabonds sans demander leur nom ni leurs besoins. J'avais de nombreux serviteurs et tout ce qui rend heureux. Mais le fils de Cronos, Zeus, m'a tout enlevé. Toi aussi, femme, crains de perdre un jour ta beauté ; crains que ta maîtresse irritée te châtie ou qu'Ulysse revienne, car tout espoir n'est pas perdu !

Il dit et la sage Pénélope réprimanda sa servante.

– Chienne audacieuse, tu paieras ton insolence ! Tu sais bien que je veux interroger cet étranger sur mon mari !

Elle dit et s'adressant à l'intendante Eurynomé :

– Eurynomé, approche un siège recouvert d'une toison pour que l'étranger s'assoie, m'écoute et me réponde.

L'intendante approcha sans délai un siège

qu'elle couvrit d'une toison; le divin Ulysse s'assit et la sage Pénélope lui demanda:

– Etranger, dis-moi d'abord ceci: Qui es-tu? Qui sont tes parents, ta cité?

Le subtil Ulysse alors lui répondit:

– Ô femme, aucun mortel sur la terre sans limites ne peut te blâmer! Ta gloire est montée jusqu'au large ciel! Demande-moi ce que tu veux; mais ma race et ma patrie, non! Ce serait redoubler mes douleurs en me faisant souvenir; je suis accablé d'épreuves et je ne veux pas pleurer et gémir dans la maison d'un autre!

La sage Pénélope alors lui répondit:

– Étranger, les dieux m'ont ravi ma valeur et ma beauté du jour où les Argiens* sont partis pour Ilion, emmenant avec eux mon époux, Ulysse. S'il revenait, s'il prenait soin de ma vie, ma gloire serait plus grande et plus belle. Maintenant je gémis! Tous les seigneurs de Doulichion, de Samé, de Zante, et ceux d'Ithaque même, tous me harcèlent et ruinent ma maison. Je regrette Ulysse dans mon cœur qui gémit, et eux, ils pressent le mariage! Mais je trame des ruses.

D'abord, un dieu m'inspira de tisser une toile

immense et fine sur le métier dans la salle. Je leur dis à tous: «Mes jeunes prétendants, je sais bien qu'Ulysse est mort! Mais permettez que j'achève ce voile avant les noces: tout ce fil serait perdu! C'est un linceul pour le héros Laërte. Quand la mort cruelle viendra l'abattre, quel cri pousseraient contre moi les Achéennes si cet homme riche était porté nu en terre!» Je dis et leur cœur généreux fut persuadé. Je passais mes jours à tisser l'immense toile; mais la nuit, à la lumière des torches, je venais la défaire. Pendant trois ans, je trompai ainsi les Achéens. Mais quand vint la quatrième année, au printemps, avertis par mes chiennes de servantes, ils me surprirent et je fus obligée de finir. Maintenant je ne puis plus éviter les noces; je n'ai plus d'autre ruse. Mon fils s'irrite de voir dévorer son bien; il comprend: c'est un homme désormais qui peut prendre soin de sa maison. Mais, toi, étranger, dis-moi ta race et ta patrie. Tu ne sors pas du chêne ou du rocher des vieilles histoires, je crois!

Le subtil Ulysse alors lui répondit:

– Eh bien! Si tu y tiens, je vais te dire ce que tu me demandes.

Au milieu de la mer couleur de vin est une île, belle et fertile; c'est la Crète aux nombreux hommes, aux quatre-vingt-dix villes. On y parle des langues diverses; la plus grande ville est Cnossos où régna Minos, père de mon père, le généreux Deucalion. Mon frère, le roi Idoménée, partit pour Troie sur ses navires arqués. Je suis le plus jeune et me nomme Aithon ; Idoménée était l'aîné et le plus brave. C'est alors que je vis Ulysse. Il se rendait à Troie quand la violence du vent, au détour du cap Malée, le poussa vers la Crète. Montant à la ville, il demanda Idoménée Mais l'aube avait reparu pour la dixième ou la onzième fois depuis qu'Idoménée était parti pour Troie sur ses navires arqués. C'est donc moi qui reçus Ulysse dans ma demeure et le comblai de soins : j'avais de quoi alors ! Pour lui et pour son équipage, je prélevai dans le peuple du vin de feu, de la farine et des bœufs. Ils restèrent dix jours car un Borée de tempête soulevé par un dieu les empêchait de reprendre la mer. Mais le treizième jour, le vent tomba et ils repartirent.

Ulysse donnait à ces mensonges apparence de vérité. Pénélope, en l'écoutant, pleurait. Son visage fondait comme fond la neige sur les montagnes ; le Zéphyr l'amoncelle et l'Euros la fait fondre en torrents qui vont gonfler les fleuves. Ainsi les belles joues de Pénélope fondaient en larmes. Ulysse fut pris de pitié en voyant pleurer sa femme; mais ses yeux, comme la corne ou le fer, ne cillaient pas; par ruse, il retenait ses larmes. Quand elle fut rassasiée de larmes, Pénélope lui dit en réponse:

– Maintenant, étranger, je vais t'éprouver pour voir si tu dis vrai. Dis-moi donc quels vêtements portait Ulysse quand tu le reçus?

Le subtil Ulysse alors lui répondit:

– Femme, il est bien difficile de te répondre: voilà vingt ans qu'Ulysse est venu dans ma patrie. Je vais pourtant te dire le souvenir que j'en ai. Ulysse portait alors un double manteau de laine pourpre fermé par une agrafe d'or à deux trous. Sur le devant, un chien aboyait, tenant entre ses pattes un faon qui s agitait. Tous admiraient ces animaux d'or. Je lui vis aussi une tunique luisante: fine comme une pelure d'oignon, elle brillait comme le soleil. Mais attention! Je ne sais si Ulysse portait ses vêtements chez lui ou si l'un de ses compagnons les lui avait offerts en route, ou encore quelqu'un de ses hôtes. Pour ma part, je lui donnai une épée de bronze, un double et long manteau de pourpre et une longue tunique avant de le conduire sur son navire.

Pénélope sentit monter le désir des larmes ; elle reconnaissait les signes décrits par Ulysse.

– Désormais, étranger, tu seras respecté et honoré dans ma demeure. C'est moi-même qui ai donné à Ulysse les vêtements que tu décris. Mais il ne reviendra plus au pays de ses pères !

Le subtil Ulysse alors lui répondit :

– Noble femme du fils de Laërte, n'abîme plus ton beau visage, cesse de miner ton cœur ! Écoute, je vais te dire la vérité sans rien cacher. J'ai entendu parler du retour d'Ulysse, au pays des Thesprotes. Il est vivant et rapporte nombre de richesses. Voilà ce que j'ai su de Phidon, le roi des Thesprotes, qui me jura, en faisant les libations, que le navire et l'équipage qui devaient reconduire Ulysse étaient prêts. Mais il me renvoya avant, profitant qu'un navire thesprote partait vers Doulichion, l'île au blé. Il me montra les trésors qu'avait amassés Ulysse, de quoi vivre à deux sur dix générations. Il m'apprit qu'Ulysse était allé à Dodone* interroger le grand chêne de Zeus pour savoir si, après une si longue absence, il devait rentrer en Ithaque au grand jour ou secrètement. Ainsi Ulysse est sauf, il arrive. J'en fais le serment,

Zeus m'en soit témoin : tout s'accomplira comme je le dis ; Ulysse reviendra avant la fin de cette lune !

La sage Pénélope alors lui répondit :

– Puissent tes paroles s'accomplir, étranger ! Je te prouverais aussitôt mon amitié et te couvrirais de présents. Mais je sens dans mon cœur qu'Ulysse ne rentrera pas dans sa demeure.

Allons, servantes, lavez-lui les pieds et préparez un lit de couvertures et de draps superbes !

Le subtil Ulysse alors lui répondit :

– Noble femme du fils de Laërte, je n'aime plus les beaux vêtements, les superbes couvertures depuis que j'ai quitté les monts enneigés de la Crète. Non ! Je dormirai sur une pauvre couche en attendant l'aube divine. Les bains de pieds donnés par tes servantes ne me plaisent pas non plus ; à moins que parmi elles il y en ait une, sage et vieille, qui ait autant souffert que moi.

La sage Pénélope alors lui répondit :

– Cher hôte, j'ai là une vieille femme très sage qui fut autrefois la nourrice d'Ulysse. Elle lavera tes pieds. Approche, sage Euryclée, baigne cet homme qui a l'âge de ton maître. Peut-être les pieds et les mains d'Ulysse ressemblent-ils aux siens : les hommes vieillissent vite dans le malheur.

Elle dit et la vieille femme cacha son visage dans ses mains, versa de chaudes larmes et se lamenta.

– Hélas ! Ulysse, mon enfant, je n'ai rien pu pour toi ! Zeus te poursuit de sa haine, et pourtant personne n'a jamais brûlé pour le dieu de la foudre autant de gras cuisseaux que toi. Tu le priais de t'accorder une belle vieillesse et voilà qu'il te refuse la journée du retour ! Mais j'obéis de grand cœur à Pénélope. Je vais te laver, pour elle et pour toi aussi : l'émotion soulève mon cœur dans ma poitrine. Écoute ! Nombre d'infortunés voyageurs sont venus ici, mais aucun ne ressemblait comme toi à Ulysse.

Le subtil Ulysse alors lui répondit :

– Ô vieille femme, c'est ce que disent tous ceux qui nous ont vus l'un et l'autre.

Il dit et la vieille prit un chaudron étincelant, y versa de l'eau froide puis de la chaude. Ulysse s'était assis loin du foyer et se tournait vers l'ombre : il venait de songer que la vieille, en le touchant, verrait sa cicatrice et que tout serait

découvert. Euryclée s'approcha de son roi, lava ses pieds. Soudain elle reconnut la cicatrice de la blessure qu'un sanglier lui avait faite autrefois. Elle lâcha le pied ; le bronze retentit, le chaudron se renversa ; l'eau s'écoula sur le sol. La joie et la douleur serraient le cœur de la vieille ; ses yeux s'emplirent de larmes, sa belle voix se cassa. Prenant le menton d'Ulysse, elle lui dit :

– Oui ! C'est bien toi, Ulysse, mon enfant ! Et je ne t'ai reconnu qu'après t'avoir touché !

Elle tourna les yeux vers Pénélope pour la prévenir ; mais Pénélope ne put la voir : Athéna détournait son esprit. Alors Ulysse, serrant de la main droite la gorge de la vieille, l'attira à lui de l'autre main et lui dit :

– Tu veux me perdre, nourrice, toi qui m'as nourri de ton sein ! J'arrive aujourd'hui, après vingt ans d'absence et de souffrances. Mais puisque tu m'as reconnu, tais-toi ! Que personne ne le sache ! Je te le dis et je tiendrai parole : si un dieu m'accorde de tuer les prétendants, je ne t'épargnerai pas, bien que tu sois ma nourrice, quand je tuerai les autres femmes.

La sage Euryclée alors lui répondit :

– Mon enfant ! Quels mots t'ont-ils échappé ! Tu sais que mon cœur est ferme, inflexible. Je tiendrai, dure comme fer ou caillou.

À ces mots, la vieille femme traversa la salle pour rapporter un autre bain. Quand elle l'eut lavé, parfumé, Ulysse approcha son siège du feu pour se chauffer. Ses haillons cachaient la cicatrice. La sage Pénélope reprit :

– Étranger, encore quelques mots ! Ce sera bientôt l'heure du sommeil, douce au malheureux. Moi, mon chagrin est sans fin. Le jour, je me lamente et surveille les travaux des servantes dans la maison. Mais quand la nuit porte le sommeil aux hommes, je m'étends sur ma couche et les angoisses me harcèlent. Mon âme est ballottée ; j'hésite : dois-je rester auprès de mon fils, garder mon bien, mes servantes, ma haute demeure et respecter le lit de mon mari ? Ou dois-je épouser le prétendant le plus noble, celui qui m'offrira le plus de cadeaux ? Mon fils est grand, c'est un homme ; il me supplie de quitter le palais, il s'irrite de voir ces gens dévorer ses biens. Mais écoute ce songe !

Vingt oies mangent du grain dans la maison ; je me réjouis de les voir. Brusquement, un aigle au bec crochu descend d'une haute montagne, s'abat sur elles et leur brise le cou avant de regagner l'azur. Je pleure, je gémis dans mon rêve mais l'aigle vient se poser sur le toit de la maison. Il me dit d'une voix d'homme : « Rassure-toi, fille d'Icare, ceci n'est pas un songe, mais un heureux présage. Les oies, ce sont les prétendants, et moi, qui semble un aigle, je suis ton époux, je reviens pour leur infliger une mort honteuse. » Il parla et le sommeil me quitta. Je vis alors mes oies manger le grain comme avant.

Le subtil Ulysse alors lui répondit :

– Ô femme, on ne peut expliquer ce songe autrement. Ulysse lui-même t'a dit comment il s'accomplira.

Et la sage Pénélope répondit :

– Les songes, étranger, sont difficiles à expliquer et tous ne s'accomplissent pas. Mais souviens-toi de ceci ! Voici venir le jour honteux où je quitterai la demeure d'Ulysse. Je vais proposer une épreuve aux prétendants : celle des douze haches qu'Ulysse alignait dans sa demeure et, debout, de loin, traversait d'une flèche. Celui qui de ses mains tendra le plus facilement l'arc et traversera d'une seule flèche les douze haches, celui-là, je le suivrai loin de cette maison si belle, la maison de ma jeunesse dont je me souviendrai toute ma vie jusque dans mes rêves.

Le subtil Ulysse alors lui répondit :

– Ô noble femme du fils de Laërte, ne retarde pas davantage cette épreuve. Ulysse rentrera avant qu'ils aient pu tendre la corde et tirer la flèche au travers du fer !

La sage Pénélope alors lui répondit :

– Si tu voulais, étranger, assis à mes côtés, m'enchanter de tes paroles, le sommeil ne tomberait pas sur mes paupières. Mais les hommes ne peuvent rester sans sommeil ; c'est le sort que les Immortels ont réservé aux mortels sur la terre des bons labours. Je vais remonter dans ma chambre et m'étendre sur ce lit que j'inonde de larmes depuis qu'Ulysse est parti pour la maudite Troie.

Elle dit et regagna sa chambre. Elle y pleura son cher époux, son Ulysse, jusqu'à ce qu'Athéna aux yeux brillants lui fermât les paupières.

L'ÉPREUVE DE L'ARC

Le lendemain fut le jour de la fête d'Apollon, le dieu archer. Dès l'aube, les servantes préparèrent le festin. Elles lavaient la demeure, apportaient les fauteuils, disposaient les tables. Les serviteurs fendaient le bois dans la cour. Eumée apportait trois gros porcs. Mélanthios menait ses plus belles chèvres au palais pour le repas des prétendants : à peine vit-il le mendiant dans la grande salle qu'il redoubla d'insultes. Ulysse supportait ses outrages sans rien dire : il attendait son heure ! Puis ce fut le tour du bouvier Philétios : il poussait devant lui une génisse, mais c'était à regret car dans son cœur il n'avait pas oublié Ulysse. Il souhaitait le retour du maître et le châtiment de ces impies qui dévoraient tout son bien.

Quand tout fut prêt dans la demeure, les prétendants arrivèrent et l'on mangea

Alors Athéna, la déesse aux yeux brillants, suggéra à la fille d'Icare, à la sage Pénélope, d'apporter aux prétendants l'arc et les haches. Dans le palais d'Ulysse, ce devait être l'épreuve et le début du carnage.

Tenant à la main une belle clé de bronze dont la poignée était d'ivoire, elle gagna avec ses servantes la chambre où se trouvaient les trésors du roi: le bronze, l'or et le fer ouvragé. C'est là qu'étaient l'arc recourbé, le carquois plein de terribles flèches. Quand la divine femme fut au seuil du trésor, elle détacha la courroie de l'anneau, introduisit la clé et tourna le verrou. Comme un taureau dans le pré, les portes mugirent en s'ouvrant. Pénélope monta sur une haute estrade où se trouvaient les coffres qui renfermaient les vêtements parfumés. Elle décrocha l'arc et l'étui qui l'enveloppait. Alors elle s'assit, le prit sur ses genoux et pleura.

Quand elle fut rassasiée de larmes et de plaintes, elle revint vers la grande salle, vers les nobles prétendants. Elle apportait l'arc recourbé, le carquois plein de terribles flèches. Les servantes portaient dans un coffre les haches qui servaient aux jeux du roi. La femme divine s'arrêta sur le seuil de la grande salle; elle ramena ses voiles brillants sur ses joues et dit:

– Écoutez-moi, fiers prétendants qui avez envahi la maison d'un homme absent pour dévorer ses richesses ! Vous n'avez d'autre prétexte que celui de m'épouser ; eh bien voici votre épreuve ! J'apporte le grand arc du divin Ulysse : celui qui de ses mains tendra le plus facilement cet arc et traversera d'une seule flèche les douze haches, celui-là, je le suivrai loin de cette maison si belle, la maison de ma jeunesse dont je me souviendrai toute ma vie jusque dans mes rêves.

Elle dit et donna l'ordre au porcher Eumée de présenter aux prétendants l'arc et les haches. Quand il les reçut dans ses mains, il pleura ; et le bouvier aussi pleura en voyant l'arc du roi. Alors Antinoos les tança :

– Paysans stupides ! Mangez en silence ou sortez pour pleurer et laissez ici cet arc ! C'est une rude épreuve pour les prétendants ; je ne crois pas qu'on puisse tendre facilement cet arc poli. Nul ici n'a la force d'Ulysse. Je l'ai vu moi-même, je m'en souviens encore bien que je ne fusse alors qu'un enfant.

Il s'imaginait pouvoir tendre l'arc et traverser le fer d'une seule flèche. Mais c'est lui qui devait le premier goûter une flèche lâchée par le parfait Ulysse. Alors, le puissant Télémaque leur dit :

– Allons ! Dépêchez-vous de tenter l'épreuve ; nous verrons qui vous êtes ! Mais moi aussi, j'essaierai de tendre l'arc. Si j'y parviens, si je traverse le fer d'une flèche, plus de gémissements ! Ma vénérable mère ne quittera pas cette demeure pour suivre un autre homme.

Il se dressa, ôtant son manteau de pourpre et son épée aiguë. Puis il creusa une longue tranchée, y planta en ligne les haches, buttant la terre autour. Tous étaient stupéfaits de le voir faire car c'était la première fois. Il monta sur le seuil, essaya l'arc. Trois fois il faillit le tendre, trois fois la force lui manqua. Au quatrième essai, peut-être eût-il réussi mais Ulysse lui fit un signe et retint son désir. Alors le puissant Télémaque leur dit :

– Hélas ! Ne serai-je jamais qu'un homme sans force ou bien suis-je encore trop jeune ? Allons ! Vous qui êtes plus forts, essayez cet arc et achevons !

Il dit, appuya l'arc aux battants polis de la porte, posa la flèche vive sur la poignée et retourna s'asseoir sur le siège qu'il avait quitté.

Ce fut le tour des prétendants.

Léiôdès se leva le premier. C'était leur devin ; il s'asseyait toujours au fond, près du cratère*. Lui seul s'indignait des injustices des prétendants. Le premier, donc, il s'empara de l'arc et du trait rapide. Il monta sur le seuil, essaya l'arc. En vain : il ne put le tendre, ses mains blanches étaient trop faibles. Il dit alors aux prétendants :

– Amis, je ne le tendrai pas, qu'un autre le prenne ! Cet arc va faire perdre le cœur et la vie à nombre de princes car il vaut mieux mourir que de se retirer vivants sans avoir conquis ce que nous attendons ici.

Il dit, appuya l'arc aux battants polis de la porte, posa la flèche vive sur la poignée et retourna s'asseoir sur le siège qu'il avait quitté. Alors Antinoos le blâma :

– Léiôdès, quelle parole t'a échappé ? Cet arc ferait perdre le cœur et la vie à nombre de princes parce que toi, tu n'as pas pu le tendre ! Ta mère ne t'a pas enfanté pour tirer l'arc et lancer les flèches, mais d'autres prétendants ne tarderont pas à le tendre.

Puis, s'adressant au chevrier Mélanthios :

– Mélanthios, vite ! Allume le feu dans la salle et mets près du foyer un siège couvert de peaux ! Puis tu rapporteras de la réserve un bon bloc de suif pour que nos jeunes hommes fassent chauffer l'arc et le graissent

Il dit, aussitot Mélanthios alluma le feu, mit près du foyer un siège qu'il couvrit de peaux et rapporta de la réserve un bon bloc de suif. Les jeunes prétendants firent chauffer l'arc, l'essayèrent : pas un ne put le tendre ; ils étaient trop faibles. Il ne restait plus qu'Antinoos et Eurymaque, les chefs des prétendants, les plus valeureux d'entre eux.

Alors, le porcher et le bouvier du divin Ulysse sortirent ensemble de la maison. Le divin Ulysse les suivit Ils passaient les portes de la cour quand Ulysse les rappela :

– Bouvier, et toi, porcher ! Je voudrais vous dire un mot. Mon cœur me l'ordonne. Si Ulysse revenait brusquement, si un dieu le ramenait, lui viendriez-vous en aide ? Ou lutteriez-vous aux côtés des prétendants ? Parlez selon votre cœur !

Le bouvier lui répondit :

– Père Zeus ! M'accorderas-tu le vœu que je

fais ? Qu'Ulysse revienne, qu'un dieu le ramène et tu verras à qui je prêterai main forte !

A son tour, Eumée supplia tous les dieux de ramener Ulysse l'inventif. Quand le maître connut leur cœur, il dit :

– Eh bien, le voici ! C'est moi, qui reviens, après vingt ans d'innombrables souffrances, dans ma patrie. Je sais que, seuls de tous mes serviteurs, vous avez désiré mon retour. Mais je vais vous montrer un signe sûr auquel vous me reconnaîtrez.

Il souleva ses haillons et montra la cicatrice. Aussitôt, ils la reconnurent et pleurèrent. Serrant le sage Ulysse dans leurs bras, ils embrassaient son visage, ses épaules. Ulysse les embrassait à son tour. Ils auraient pleuré jusqu'au coucher du soleil si Ulysse ne les avait arrêtés en disant :

– Assez de larmes maintenant ! Rentrons l'un après l'autre et non pas tous ensemble. J'irai le premier. Attention au signal ! Les prétendants ne voudront pas me donner mon arc et mon carquois : c'est toi, Eumée, qui me l'apporteras, puis, tu diras aux servantes de fermer les portes de la salle ; si elles entendaient des plaintes, des cris, que pas une ne sorte, qu'elles restent à leurs travaux ! Toi, Philétios, tu verrouilleras les portes de la cour.

Il dit, rentra dans la grande salle et s'assit sur le siège qu'il avait quitté. Les deux serviteurs du divin Ulysse rentrèrent à leur tour. Eurymaque tenait déjà l'arc dans ses mains ; il le chauffait de tous côtés à la chaleur du feu. Mais il ne put le tendre. Il soupira dans son cœur et dit :

– Hélas ! Quelle terrible douleur ! Ce ne sont pas tant les noces qui m'affligent, il y a bien d'autres Achéennes en Ithaque et ailleurs ; c'est de voir que nous sommes tellement inférieurs au divin Ulysse. Pas un de nous n'a pu tendre son arc ! Nous en serons couverts de honte à jamais !

Antinoos lui répondit :

– Non, Eurymaque ! Oublies-tu quel dieu on célèbre dans le pays aujourd'hui ? Qui pourrait tendre un arc ? Allons ! Déposons-le, que les haches restent en place ! Demain nous brûlerons des cuisseaux de chèvres en l'honneur d'Apollon, le célèbre archer, et nous achèverons l'épreuve.

Il dit et tous l'approuvèrent. Mais le subtil Ulysse, préparant sa ruse, leur dit

– Écoutez-moi, prétendants de la noble reine !

Demain, sans doute, un dieu donnera la victoire à qui il voudra. Mais donnez-moi cet arc poli que je l'éprouve, que je voie si j'ai gardé ma force d'autrefois ou si ma vie d'errance et la misère me l'ont ôtée.

Il dit et la colère les gagna : ils redoutaient qu'il pût tendre l'arc. Antinoos lui répondit violemment :

– Misérable étranger ! As-tu perdu la tête ? Le vin doux te trouble l'esprit. Si tu tends cet arc, je te prédis un affreux malheur. Tu ne mendieras plus ici : nous t'enverrons sur un noir vaisseau chez le roi Echétos*, le plus cruel de tous les hommes. Allons ! contente-toi de boire en silence et n'essaie pas de lutter contre plus jeunes que toi !

Mais la sage Pénélope intervint :

– Antinoos, il n'est ni bon ni juste d'outrager les hôtes de Télémaque. Crois-tu que si cet étranger tendait le grand arc d'Ulysse, il m'emmènerait chez lui et m'épouserait ? Il n'y songe pas lui-même !

Eurymaque alors lui répondit :

– Fille d'Icare, sage Pénélope, nous ne croyons pas que cet homme puisse t'épouser, mais nous redoutons l'opinion des hommes et des femmes. « Ce sont, diraient-ils, les pires des mortels : ils n'ont pu tendre l'arc de l'homme irréprochable dont ils courtisaient la femme, alors qu'un mendiant, un vagabond de passage l'a tendu facilement et a traversé le fer d'une seule flèche. »

La sage Pénélope lui répondit :

– Eurymaque, cet étranger est grand et fort, il se flatte d'avoir un père de noble race. Donnez-lui l'arc d'Ulysse pour voir ! S'il parvient à le tendre, si Apollon lui accorde cette gloire, je lui offrirai un manteau, une tunique, un épieu pour se défendre des chiens et des hommes, une épée aiguë, des sandales aussi et je le ferai conduire où il voudra.

Alors Télémaque lui dit :

– Ma mère, nul ne peut m'empêcher de donner ou de refuser l'arc à qui bon me semblera. Mais rentre dans ta chambre, retourne à tes travaux ! Ordonne à tes servantes de se mettre au travail ! Le reste est affaire d'homme, et d'abord la mienne car c'est moi qui commande ici !

Pénélope, surprise, rentra dans sa chambre. Elle pensait aux sages paroles de son fils. Puis elle pleura son cher époux, son Ulysse, jusqu'à ce qu'Athéna aux yeux brillants lui fermât les paupières.

Cependant le divin porcher apportait l'arc recourbé. Il traversa la salle et le remit aux mains du sage Ulysse. Puis il appela la nourrice Euryclée :

– Télémaque t'ordonne, sage Euryclée, de fermer les portes de la salle. Si les femmes entendent des plaintes, des cris, que pas une ne sorte, qu'elles restent à leurs travaux !

Il dit et la nourrice ferma les portes de la salle. Philétios bondit dehors et ferma les portes de la cour. Il rentra, s'assit sur le siège qu'il avait quitté et regarda Ulysse.

Il retournait l'arc en tous sens, le tâtait ici et là pour voir si les vers n'avaient pas rongé la corne en son absence. Les prétendants se disaient les uns aux autres :

– Cet homme doit être un amateur d'arcs, ou il en a de pareils chez lui. Peut-être veut-il en construire un. Vois comme il le retourne entre ses mains !

Le subtil Ulysse, quand il eut bien tâté le grand arc, le tendit sans mal ; comme un joueur de cithare* tend une corde neuve sur la clé et fixe à chaque bout le boyau tordu, ainsi Ulysse tendit l'arc. De sa main droite, il fit jouer la corde : elle résonna comme le cri d'une hirondelle.

Amère douleur pour les prétendants ! Ils changèrent de couleur.

Zeus tonna fortement ; l'infortuné Ulysse se réjouit de ce signe favorable. Il saisit la flèche vive qui était posée sur la table, hors du carquois où toutes les autres flèches étaient restées. Puis, l'ajustant à l'arc, il tira la corde et l'encoche sans quitter son siège. Il lança la flèche, visant droit. D'un trou à l'autre, le trait traversa toutes les haches. Alors il dit à Télémaque :

– Télémaque, l'étranger assis dans ta maison ne te fait pas honte. Je n'ai pas manqué le but ; ma force est intacte ! C'est l'heure de préparer le repas pendant qu'il fait encore jour ; puis viendront les plaisirs du chant et de la cithare, ces ornements de tout festin !

Il dit et fit un signe des sourcils. Télémaque prit son épée aiguë, attrapa sa lance, et, armé du bronze éclatant, il se plaça près d'Ulysse

LE MASSACRE DES PRÉTENDANTS

Alors le subtil Ulysse rejeta ses haillons, bondit sur le seuil, son arc et son carquois à la main. Il répandit les flèches vives à ses pieds et dit :

– L'épreuve est finie maintenant ! Je vais viser un autre but ; qu'Apollon m'accorde la gloire de l'atteindre !

Il dit et décocha sur Antinoos une flèche amère. Celui-ci allait soulever une belle coupe d'or à deux anses ; il l'avait en mains, prêt à la vider. Il ne songeait pas dans son cœur à la mort. Mais Ulysse le frappa de sa flèche à la gorge ; la pointe traversa le cou délicat. L'homme tomba à la renverse, lâchant la coupe ; un flot de sang jaillit de ses narines. D'un coup de pied, il renversa la table ; les mets roulèrent à terre. Les prétendants frémirent en le voyant tomber. Ils se levaient, couraient de tous côtés, cherchaient en vain boucliers et lances sur les bons murs. Alors ils crièrent à Ulysse ces mots pleins de colère :

– Étranger, tu vises les hommes désormais ! Ce sera ta dernière épreuve, la mort est sur toi !

Ils croyaient qu'il avait tué sans le vouloir, ces gamins qui ne voyaient pas venir l'heure du trépas. Ulysse les regarda d'un œil sombre et leur dit :

– Chiens ! Vous n'imaginiez pas que je reviendrais un jour du pays des Troyens. Vous pilliez ma maison ! Vous couchiez avec mes servantes ! Vous courtisiez ma femme tandis que j'étais vivant ! Vous n'avez craint ni les dieux du large ciel, ni la vengeance humaine ; maintenant, la mort est sur vous !

La verte peur les envahit. Seul Eurymaque prit la parole.

– Si tu es bien Ulysse d'Ithaque, tu as raison de reprocher aux Achéens les forfaits qu'ils ont commis dans ta demeure. Mais celui qui fut cause de tout, le voilà gisant à terre ! C'est Antinoos ! Il voulait régner sur le peuple d'Ithaque et tuer ton fils. Mais puisqu'il a été justement puni, prends pitié de tes sujets. Nous te rendrons tout ce que nous t'avons bu et mangé. Chacun t'apportera vingt bœufs, de l'or, du bronze, jusqu'à ce que ta colère soit apaisée.

Ulysse le regarda d'un œil sombre et lui dit :

– Eurymaque, vous pourriez m'apporter tout votre patrimoine, tout ce qu'à ce jour vous possédez, mes mains ne vous en massacreraient pas moins !

Il dit ; leurs genoux, leur cœur défaillirent. Eurymaque reprit la parole.

– Amis, cet homme ne retiendra pas ses mains infatigables. Il tient l'arc et le carquois et tirera ses flèches du haut du seuil jusqu'à ce qu'il nous ait tous tués. Allons ! Tirons nos épées et jetons-nous tous ensemble sur lui !

À ces mots, il tira son épée à deux tranchants et se rua sur Ulysse en poussant un cri terrible. Mais le divin Ulysse le devança. Il lui décocha une flèche qui l'atteignit sous la poitrine : le trait rapide s'enfonça dans le foie. Eurymaque lâcha l'épée ; il s'effondra, tordu de douleur, sur une table, renversant coupes et plats Le front heurta le sol ; l'obscurité tomba sur ses yeux.

Amphinomos se rua à son tour sur le glorieux Ulysse. Il brandissait son épée aiguë dans l'espoir de le chasser de l'entrée, mais Télémaque le devança. Il le frappa de sa lance de bronze, dans

le dos, entre les épaules. Le prétendant tomba bruyamment, heurtant le sol du front. Alors Télémaque s'en fut au trésor où se trouvaient les armes illustres. Il y prit quatre boucliers, huit lances et quatre casques de bronze à crinière. Il les rapporta et rejoignit vite son père. Lui-même, le premier, il se couvrit de bronze; les deux serviteurs en firent autant; tous trois entouraient le sage et ingénieux Ulysse.

Tant qu'il eut des flèches, le roi ne cessa de viser les prétendants, de les abattre: dans la salle, ils tombaient les uns sur les autres. Mais lorsqu'elles furent épuisées, le roi appuya son arc contre un des beaux murs. Il mit sur son épaule un bouclier à quatre épaisseurs de cuir, posa sur sa tête un casque dont l'aigrette vibrait effroyablement, prit enfin deux fortes lances à pointe de bronze.

Alors le chevrier Mélanthios dit aux prétendants :

– Nous ne pourrons jamais forcer ainsi le passage ; la porte est trop étroite. Mais attendez ! Je vais aller au trésor y dérober des armes : c'est là, à coup sûr, qu'Ulysse et Télémaque les ont cachées !

Ayant ainsi parlé, le chevrier courut au trésor. Il y prit douze boucliers, douze lances, autant de casques de bronze à crinière qu'il rapporta vite aux prétendants.

Quand Ulysse les vit s'armer, ses genoux, son cœur défaillirent. Le combat lui sembla inégal. Il dit à Télémaque :

– Télémaque, voilà qu'une des femmes du palais nous expose à une rude épreuve, à moins que Mélanthios...

– Non père ! C'est ma faute ! C'est moi qui ai laissé la porte du trésor ouverte. Mais va, divin Eumée ! Ferme la porte du trésor et tâche de savoir qui a fait le coup !

Ainsi disaient-ils. Cependant, le chevrier

Mélanthios retournait au trésor quand Eumée l'aperçut. Il revint aussitôt prévenir Ulysse.

– Enfant de Zeus, fils de Laërte, ingénieux Ulysse, c'est bien celui que nous pensions, c'est Mélanthios ! Il retourne au trésor. Dois-je le tuer ?

Le subtil Ulysse lui répondit :

– Télémaque et moi, nous contiendrons à nous deux les prétendants. Vous deux, liez-lui les pieds et les mains et suspendez-le en haut d'une colonne dans le trésor pour qu'il reste en vie et subisse de cruelles douleurs.

Il dit et les deux serviteurs obéirent. Ils gagnèrent le trésor sans se faire voir de Mélanthios et se postèrent de chaque côté du seuil. Quand le chevrier sortit tout chargé d'armes, ils bondirent sur lui, le traînèrent à l'intérieur par les cheveux, le jetèrent à terre et lui lièrent les pieds et les mains dans le dos. Ils le suspendirent en haut d'une colonne et l'abandonnèrent là. Reprenant leurs armes, ils fermèrent les portes du trésor et retournèrent auprès du sage Ulysse.

Ils étaient tous les quatre sur le seuil, pleins d'ardeur ; les autres dans la salle, nombreux et braves.

Agélaos excitait les prétendants au combat.

– Amis, cet homme va relâcher ses mains infatigables ! Ne jetons pas nos lances tous ensemble ! Jetons-en six d'abord et que Zeus nous accorde la gloire d'atteindre Ulysse !

Il dit. Selon l'ordre, les six premiers tirèrent avec ardeur, mais un dieu dévia leurs lances : l'une frappa un montant de la salle, une autre la porte, une troisième se ficha dans le mur. Alors l'infortuné, le divin Ulysse prit la parole :

– Amis, à nous maintenant ! Tirons dans la masse des prétendants !

Il dit et tous quatre jetèrent leurs lances aiguës en visant bien : Ulysse atteignit Démoptolème, Télémaque Euryale, le porcher tua Élate et le bouvier Pisandre. Ces quatre-là mordirent la poussière. Les prétendants se replièrent au fond de la salle ; les vainqueurs s'élancèrent et retirèrent les lances des cadavres.

De nouveau les prétendants tirèrent avec ardeur, mais une fois encore un dieu dévia leurs lances. Amphimédon toucha Télémaque au poignet mais le bronze ne fit qu'égratigner la peau ; Ctésippe effleura l'épaule d'Eumée au-dessus du bouclier, mais la lance passa au-delà et retomba plus loin. Alors, autour du sage, de l'ingénieux Ulysse, on tira de nouveau dans la masse des prétendants : le dévastateur de citadelles, Ulysse, tua Eurydamas, Télémaque Amphimédon, le porcher Polybe et le bouvier transperça la poitrine de Ctésippe.

C'est alors que parut Athéna, agitant l'égide meurtrière. Les prétendants épouvantés couraient en tous sens dans la salle comme un troupeau de bœufs que harcèle au printemps un taon agile. Ulysse et les siens se ruaient sur eux, les frappaient de partout : une plainte horrible s'élevait des crânes fracassés, le sol ruisselait de sang.

Mais l'aède Phémios évita la noire mort. C'est de force qu'il avait dû chanter pour les prétendants. Il déposa à terre sa cythare creuse et, s'élançant vers Ulysse, il lui embrassa les genoux.

– Ulysse ! Écoute-moi, prends pitié de moi ! Tu regretterais plus tard d'avoir tué un aède, chanteur des dieux et des hommes. Je me suis instruit seul ; c'est un dieu qui m'inspire tous mes chants. Je te chanterai désormais comme un dieu. Ne me tranche pas la gorge ! Télémaque te le dira : c'est de force que les prétendants m'ont amené ici.

Il dit et le puissant Télémaque l'entendit.

– Arrête ! Ne frappe pas un innocent ! Épargnons aussi le héraut Médon : il a toujours pris soin de moi lorsque j'étais enfant.

Il dit et le sage Médon l'entendit. Épouvanté et fuyant la noire mort, il s'était caché sous son siège recouvert d'une peau de bœuf. Vite, il se releva et, s'élançant vers Télémaque, il lui embrassa les genoux Mais le subtil Ulysse lui dit en souriant :

– N'aie pas peur ! Il t'a sauvé. Sache en ton cœur, et redis-le aux autres, que le bien vaut mieux que le mal. Maintenant sortez tous deux dans la cour, loin du carnage, tandis qu'ici j'achèverai mon ouvrage.

Il dit et tous deux sortirent.

Ulysse parcourait la salle pour voir si quelque prétendant avait pu éviter la noire mort. Mais il les vit tous, étendus dans le sang et la poussière. Alors il dit à Télémaque :

– Télémaque, vite ! Appelle la nourrice Euryclée, que je lui dise ce que je médite.

Il dit et Télémaque obéit à son cher père.

Euryclée trouva Ulysse au milieu des cadavres, tout souillé de sang et de poussière. On aurait dit un lion qui vient de dévorer un bœuf; son poitrail, ses mâchoires ensanglantés font frémir d'épouvante. Ainsi Ulysse avait les pieds et les mains souillés. Quand elle vit les corps, les flots de sang, Euryclée voulut hurler sa joie, mais Ulysse la retint.

– Vieille femme, réjouis-toi dans ton cœur mais ne hurle pas! Il est impie d'exulter sur des morts. Allons! Dis-moi quelles sont les femmes du palais qui m'ont outragé et celles qui sont restées fidèles.

La chère nourrice Euryclée lui répondit:

– Mon enfant, voici la vérité. Tu as dans ta demeure cinquante femmes auxquelles nous avons appris à travailler la laine, à supporter l'esclavage. Douze d'entre elles ne respectent ni Pénélope ni moi-même. Mais je vais monter à l'étage avertir ton épouse: un dieu l'a endormie.

Mais le subtil Ulysse l'arrêta.

– Non! Pas encore! Ordonne d'abord aux femmes qui ont mal agi de venir ici.

Il dit et la nourrice obéit.

Bientôt toutes les femmes arrivèrent. Elles gémissaient lamentablement, versaient des flots de larmes. Elles emportèrent d'abord les cadavres qu'elles déposèrent sous le porche de la cour. Ulysse commandait, les pressait, les forçait d'obéir. Elles lavèrent ensuite avec de l'eau et des éponges poreuses les beaux sièges et les tables. Télémaque, le bouvier et le porcher raclèrent le sol de la salle à la pelle; les femmes emportaient cette boue dehors. Puis, quand tout fut en ordre dans la salle, ils firent sortir les servantes infidèles dans un coin de la cour d'où, bloquées, elles ne pouvaient s'enfuir.

Ce fut là que Télémaque les pendit à un filin comme des grives.

Alors ils traînèrent Mélanthios dans la cour. D'un coup d'épée, ils lui tranchèrent le nez, les oreilles et les parties qu'ils jetèrent aux chiens. Avec la même fureur, ils lui coupèrent les pieds et les mains. Enfin, quand ils se furent lavé les pieds et les mains, ils rentrèrent dans la salle auprès d'Ulysse.

La nourrice apportait du feu et du soufre;

Ulysse purifia la demeure, la salle et la cour. Puis la vieille femme appela les servantes.

Elles entraient dans la salle, une torche à la main, entouraient Ulysse, lui prenaient les mains, et couvraient de baisers sa tête et ses épaules.

Alors une douce envie de pleurer l'envahit : son cœur les reconnaissait toutes.

Ulysse et Pénélope

La vieille monta à l'étage pour avertir sa maîtresse du retour de son cher époux. Elle riait, ses genoux bondissaient, ses pieds sautaient les marches. Penchée au-dessus de sa tête, elle dit à la reine :

– Debout, Pénélope ! Viens voir de tes yeux ce que tu n'as cessé d'espérer : Ulysse est revenu ! Il est dans sa maison ; il a tué les fiers prétendants qui ruinaient sa demeure, dévoraient ses biens et maltraitaient son fils.

La sage Pénélope lui répondit :

– Bonne mère, les dieux t'ont rendue folle ! Ils t'ont troublé l'esprit, toi qui étais si prudente autrefois. Pourquoi se moquer de mon cœur déjà si malheureux ? Pourquoi m'arracher au doux sommeil qui pesait sur mes paupières ? Jamais je n'avais aussi bien dormi depuis le départ d'Ulysse. Allons ! Redescends !

Mais la nourrice Euryclée répondit :

– Je ne me moque pas de toi, mon enfant ! C'est

la vérité, Ulysse est revenu, il est dans sa maison ! C'est lui l'étranger que tous insultaient dans la salle. Télémaque le savait ; par prudence, il cachait les projets de son père.

Elle dit et la reine, de joie, sauta du lit, embrassa la vieille femme ; les larmes coulaient sous ses paupières.

– Si tu me dis la vérité, bonne mère, si Ulysse est dans sa maison, comment a-t-il pu, seul, vaincre ces odieux prétendants qui se réunissaient en foule ici ?

La nourrice Euryclée lui répondit :

– Je n'ai rien vu, rien su. Je n'ai rien entendu que les plaintes des hommes qu'on égorgeait. Nous étions blotties au fond des chambres, toutes portes bien closes, jusqu'à ce que ton fils Télémaque m'appelât : son père l'avait envoyé. Alors je vis Ulysse, debout au milieu des cadavres qui gisaient amoncelés sur le sol. Si tu les avais vus ! Quelle joie ! Maintenant ils sont tous entassés sous le porche ; Ulysse purifie la salle. C'est lui qui m'envoie. Suis-moi, que vos cœurs enfin s'abandonnent à la joie : ils ont tant souffert !

Mais la sage Pénélope lui répondit :

– Bonne mère, retiens tes rires, ne triomphe pas encore ! Tu sais bien le plaisir que son retour nous causerait, à moi et à son fils surtout. Ce que tu as dit n'est pas vrai ! C'est un dieu irrité par leurs violences et leurs injustices qui les a tués. Mais pour Ulysse, non, tout espoir de retour est perdu ; il est mort

La nourrice Euryclée lui répondit alors.

– Mon enfant, quelle parole t'a échappé ? Ton époux que tu pensais ne jamais revoir est revenu, il est dans sa maison, et toi, tu restes incrédule ! Mais écoute ! Je vais te donner un signe sûr. J'ai reconnu pendant que je le lavais la cicatrice de la blessure que lui fit autrefois un sanglier. J'ai voulu te le dire, mais il m'a fermé la bouche de sa main. Suis-moi, et si j'ai menti, tue-moi de la mort la plus honteuse.

Mais la sage Pénélope répondit :

– Bonne mère, il t'est difficile de comprendre les desseins des Eternels. Mais allons retrouver mon fils pour voir ces prétendants tués et l'auteur de leur mort.

Elle dit et descendit de l'étage. Quand elle eut franchi le seuil de pierre, elle s'assit en face d'Ulysse, dans la lueur du feu, contre l'autre mur. Lui, adossé à une colonne, baissait les yeux en attendant que son épouse parlât. Mais elle restait muette, saisie par la stupeur. Tantôt elle le reconnaissait, tantôt elle ne voyait plus que ses haillons.

Alors Télémaque l'apostropha avec virulence.

– Mère, méchante mère, que ton cœur est cruel ! Pourquoi restes-tu si loin de mon père ? Aucune femme ne pourrait ainsi rester loin de son mari qui revient, après vingt ans de souffrances, dans sa patrie. Ton cœur est-il plus dur que la pierre ?

La sage Pénélope lui répondit :

– Mon enfant, mon cœur est stupéfait. Je ne puis ni prononcer un mot, ni interroger, ni regarder en face son visage. Mais si c'est vraiment lui, Ulysse revenu dans sa maison, nous saurons bien nous reconnaître car il y a entre nous des signes connus de nous seuls.

Elle dit et l'infortuné, le divin Ulysse sourit.

– Télémaque, laisse ta mère m'éprouver ! Bientôt elle pourra me reconnaître. Maintenant que je suis sale et couvert de haillons, elle me méprise et ne peut croire que c'est moi. Allons! Lavez-vous et que les servantes apportent des vêtements propres! Que le divin aède avec sa cithare au son clair vous entraîne dans une danse joyeuse! Ainsi ceux qui passeront devant le palais s'imagineront que l'on célèbre ici les noces. Il n'est pas encore temps que la nouvelle du massacre des prétendants se répande par la ville.

Il dit et tous obéirent. Ils se lavèrent, s'habillèrent de vêtements propres; les femmes se parèrent; le divin aède prit sa cithare au son clair et fit naître en eux le désir du chant doux, de la danse parfaite. La demeure résonnait sous les pieds des danseurs et des femmes aux belles ceintures À ce bruit les gens, dehors, disaient:

– Voilà qu'on épouse la reine tant courtisée! La malheureuse! Elle n'a pas su attendre le retour de son premier époux.

Ainsi disait-on sans savoir ce qu'il en était.

Cependant l'intendante Eurynomé lavait le généreux Ulysse et le parfumait d'huile. Elle l'habilla d'une tunique et d'un manteau Athéna répandit la beauté sur sa tête. Elle le fit paraître plus grand et déroula sa chevelure bouclée comme les fleurs de jacinthe. Quand il sortit du bain, il avait l'air d'un dieu. Il se rassit sur le siège qu'il avait quitté et, se tournant vers sa femme, il dit :

– Malheureuse ! Entre toutes les femmes, c'est à toi que les dieux ont donné un cœur dur. Aucune femme ne pourrait ainsi rester loin de son mari qui revient, après vingt ans de souffrances, dans sa patrie. Allons ! Nourrice, prépare-moi un lit, que je dorme seul.

Mais la sage Pénélope lui répondit :

– Malheureux, je n'ai ni mépris, ni indifférence. Je sais ce que tu étais quand tu partis d'Ithaque sur ton navire aux longues rames. Allons ! Euryclée, dresse hors de la chambre le lit qu'il avait fait lui-même et couvre-le de couvertures, de draps et de peaux !

Elle voulait l'éprouver ; Ulysse, indigné, dit à sa fidèle épouse :

– Ô femme, ce que tu dis me blesse. Qui donc a déplacé mon lit ? L'homme le plus habile n'aurait pu le faire sans l'aide d'un dieu. Car il y a un secret dans ce lit. C'est moi qui l'ai construit, sans l'aide de personne Il y avait dans la cour un rejet d'olivier, feuillu, verdoyant, aussi épais qu'une colonne. J'élevai tout autour les murs de notre chambre avec de lourdes pierres; je la couvris d'un toit, la fermai de portes solides. Alors seulement j'ébranchai l'olivier. Taillant le tronc à la racine, je le polis savamment et, le perçant à la tarière, j'en fis la base du lit. Au-dessus, je dressai le cadre que j'incrustai d'or, d'argent et d'ivoire. Puis je tendis les sangles en cuir rouge. Voilà le secret. Mais j'ignore si le lit est toujours en place ou si, pour le déplacer, on a coupé le tronc à la racine.

Pénélope sentit ses genoux, son cœur défaillir: elle reconnaissait les signes décrits par Ulysse. Elle pleura, s'élança vers lui et, lui jetant les bras autour du cou, elle dit:

– Pardonne-moi, Ulysse, le plus sage des hommes! Les dieux nous ont accablés de malheurs; ils nous enviaient le bonheur de jouir de notre jeunesse et d'arriver ensemble au seuil de la vieillesse. Mon cœur, dans ma poitrine, redoutait qu'un homme ne vînt ici pour m'abuser de ses paroles: ils sont si nombreux ceux qui ourdissent des ruses! Mais maintenant tu m'as donné le signe sûr de notre lit qu'aucun mortel n'a vu hormis toi et moi et la servante Actoris qui gardait les portes de notre chambre. Tu as persuadé mon cœur aussi cruel soit-il.

Elle dit et l'envie de pleurer saisit Ulysse. Il pleura, serrant dans ses bras la femme de son cœur.

La terre est douce aux naufragés dont Poséidon a brisé en haute mer le bon navire ballotté par le vent et la vague. Rares sont ceux qui ont pu échapper à la mer grise d'écume et nager vers le rivage. Quelle joie pour eux de mettre pied à terre, d'éviter la mort ! Ainsi la vue d'Ulysse était douce à Pénélope qui ne pouvait détacher ses bras blancs du cou de son mari.

L'aube aux doigts roses aurait paru, les surprenant à pleurer encore, si Athéna aux yeux brillants n'avait eu une autre pensée. Elle retint l'aube au trône d'or chez Océan, sans lui permettre d'atteler ses chevaux ailés qui portent la lumière aux hommes. Alors Ulysse dit à sa femme :

– Viens, allons au lit, ô femme, et goûtons ensemble la douceur du sommeil.

Eurynomé et la nourrice préparaient déjà, à la lumière des torches, le lit de bons draps. Quand elles eurent dressé le lit, la chambrière Eurynomé,

une torche à la main, passa devant pour les conduire à la chambre. Puis elle se retira.

Alors ils retrouvèrent la joie du lit ancien.

GLOSSAIRE

ACHÉEN : nom que se donnaient les Grecs à l'époque d'Homère

ACHÉRON : fleuve des Enfers que les morts traversent pour entrer au royaume d'Hadès.

ACHILLE : fils de la déesse Thétis et du mortel Pélée. Sa mère, pour le rendre invulnérable, le trempa dans les eaux du Styx. Mais elle dut tenir l'enfant par le talon, si bien qu'Achille n'était pas tout à fait invulnérable : on pouvait le tuer à condition de l'atteindre à cet endroit de son corps. L'*Iliade*, l'autre grand poème d'Homère, raconte comment, s'étant disputé avec Agamemnon, Achille refusa de continuer à combattre. Il se retira dans sa tente et ne voulut rien entendre des supplications que vint lui adresser Ulysse. L'armée grecque allait être vaincue ; rien ne semblait pouvoir fléchir la colère du héros. Mais lorsque Achille apprit la mort de son ami Patrocle, la douleur, le désir de vengeance l'emportèrent sur tout ; il reprit les armes et tua Hector, le chef des Troyens. Plus tard, Achille mourut, atteint au talon par une flèche (c'est-à-dire par une arme de lâche ; les armes du vrai héros sont l'épée et la lance !). Il était pour les Grecs le modèle du guerrier courageux et puissant.

AÈDE : poète qui récitait en s'accompagnant d'une cithare (ou lyre) les récits légendaires. Le mot grec *aoidos* signifie *chanteur.*

AGAMEMNON : chef suprême de l'armée grecque pendant la guerre de Troie, il accepta de sacrifier sa fille Iphigénie pour que les vents se lèvent et que la flotte grecque, immobilisée à Aulis, puisse rejoindre Troie. À son retour de la guerre, sa femme l'assassina ; mais elle fut tuée à son tour, avec son amant Égisthe, par son fils Oreste. Il faut dire qu'Agamemnon était le fils d'Atrée dont la race était maudite ! (Voir : Atride, Clytemnestre, Égisthe.)

AMBROISIE : nourriture des dieux. Elle rend immortel celui qui y goûte.

AMPHITRITE : déesse de la mer et femme de Poséidon.

APHRODITE : déesse de l'amour et de la fécondité. Elle est née d'une vague. C'est elle qui aida Pâris à enlever Hélène. Dans la guerre de Troie, elle prit donc le parti des Troyens.

APOLLON : fils de Zeus, il est le dieu de la lumière, de la poésie, de la musique, de la divination. Pour les Grecs, il était l'image de la beauté (tout naturellement, quand Ulysse veut louer la beauté de Nausicaa, il pense à un jeune palmier qu'il a vu juste devant l'autel d'Apollon à Délos). Ses attributs sont, entre autres, la lyre et l'arc. (Voir : Grâces.)

ARGIENS : habitants de la cité d'Argos, et par extension, du Péloponnèse.

ARÉTÉ : femme d'Alkinoos ; son nom en grec veut dire *excellence.*

ARTÉMIS : déesse de la lune et de la chasse, fille de Zeus et sœur d'Apollon. Elle avait obtenu de son père le privilège de rester toujours vierge. Armée d'un arc et de flèches, elle chasse la nuit en compagnie de ses nymphes. Comme Apollon, elle est renommée pour sa beauté.

ATHÉNA : fille de Zeus et de Métis, elle sortit tout armée de la tête de son père (qui avait avalé sa mère). C'est une déesse guerrière, mais elle représente aussi l'intelligence et la ruse (le nom de sa mère – *Métis* – signifie *astuce, ingéniosité*). Comme Artémis, elle a fait vœu de rester vierge. C'est la protectrice de la cité d'Athènes à laquelle elle a donné son nom.

ATRIDE : les Atrides sont les descendants d'Atrée. Ce roi tua les enfants de son frère et les lui servit à manger. Après le repas, il fit apporter à Thyeste les têtes de ses enfants. Celui-ci, fou de douleur et de rage, maudit la descendance d'Atrée. (Voir : Agamemnon, Clytemnestre, Égisthe.)

BORÉE : dieu du vent du nord.

CASSANDRE : fille de Priam. Elle avait reçu d'Apollon le don de prophétiser ; mais le dieu, pour la punir de n'avoir pas voulu de son amour, décida que ses prédictions ne seraient jamais prises au sérieux. C'est ainsi que Cassandre avertit en vain les Troyens qu'il ne fallait pas faire entrer le cheval de bois dans la ville.

CITHARE : instrument de musique composé d'une boîte sonore et de cordes tendues sur une traverse à l'aide de chevilles. Le mot grec *kithara* est devenu *guitare* en français : ce sont les Arabes puis les Espagnols qui nous l'ont donné ainsi transformé (l'instrument aussi avait changé !).

CLYTEMNESTRE : femme d'Agamemnon. Elle assassina son mari lorsqu'il rentra de Troie et fut assassinée, sept ans plus tard, par son fils Oreste et sa fille Electre. (Voir : Agamemnon, Atride, Égisthe.)

COCYTE : fleuve des Enfers. Son nom veut dire « qui naît des larmes » et la légende raconte que ses eaux proviennent des larmes versées par les injustes.

CRATÈRE : grand vase où l'on mélangeait l'eau et le vin (dans l'Antiquité grecque, on ne boit jamais le vin pur, à moins de vouloir faire comme le cyclope, et alors... !).

CRONOS : père de Zeus, et roi des dieux avant lui, il appartient à la famille des Titans (les six fils d'Ouranos – le ciel – et de Gaia – la terre). Il détrôna son propre père, Ouranos, et comme il craignait d'être détrôné à son tour, il avalait ses enfants dès leur naissance. Mais Zeus fut sauvé par sa mère qui fit avaler à Cronos, au lieu de l'enfant, une pierre enveloppée dans des langes. Devenu adulte, Zeus détrôna son père, l'obligea à vomir ses frères et sœurs, et le précipita dans le Tartare (le fond de l'univers, sous les Enfers). (Voir : Zeus, Hypérion.)

CYCLOPES : dans l'*Odyssée,* les Cyclopes sont un peuple barbare, anthropophage, qui vit d'élevage. Ils n'ont qu'un œil, au milieu du front. Mais il y a bien d'autres Cyclopes dans la mythologie grecque.

CYTHÈRE : île du sud du Péloponnèse au large du cap Malée.

DANAEN : nom que se donnaient les Grecs à l'époque d'Homère. Ce mot est formé sur le nom du roi légendaire Danaos.

DÉMÉTER : déesse de la terre cultivée ; fille de Cronos ; c'est elle qui donna le blé, symbole de civilisation, aux hommes. (Voir : Hadès, Perséphone.)

DODONE : ville de la Grèce antique très célèbre pour son oracle de Zeus : le dieu y parlait à travers le bruissement du feuillage des chênes sacrés.

ECHÉTOS : roi légendaire très cruel, un ogre paraît-il.

ÉGIDE : bouclier magique, semeur de panique, fabriqué par Héphaïstos, le dieu forgeron et technicien, pour Zeus Elle est aussi utilisée par Athéna.

ÉGISTHE : amant de Clytemnestre, il appartient a la famille

des Atrides puisqu'il est le fils de Thyeste (le seul qui put échapper à la cruauté d'Atrée) Il participe à l'assassinat d'Agamemnon et sera tué par Oreste. (Voir: Agamemnon, Atride, Clytemnestre.)

ÉPÉIOS : constructeur du cheval de Troie. Ce n'est pas lui qui en eut l'idée, mais un autre guerrier auquel Athéna avait inspiré le stratagème. Naturellement on attribua aussi à Ulysse cette ruse.

ÉRÈBE : dieu des ténèbres infernales, ou ces ténèbres elles-mêmes.

EUROS : dieu du vent d'est.

GRÂCES : déesses de la beauté qui font partie, avec les Muses, du cortège d'Apollon.

HADÈS : dieu des morts ; son nom veut dire *invisible.* Il est un des fils de Cronos. Avec ses deux frères, Zeus et Poséidon, il se partage l'univers. Lui hérite du monde souterrain, Poséidon du monde terrestre, Zeus du ciel. Il enleva Perséphone, la fille de Déméter, mais il n'en eut aucun enfant (le monde des morts est le monde de la stérilité). (Voir : Déméter, Perséphone.)

HÉRAUT : serviteur du roi qui s'occupe des libations, des sacrifices, des repas, il est aussi une sorte de messager. C'est donc lui qui fait part des décisions du roi. Si Ulysse épargne Médon, c'est sans doute que, comme l'aède, le héraut est chargé de dire la gloire de son maître.

HERMÈS : fils de Zeus, c'est le dieu messager, guide des voyageurs et conducteur de l'âme des morts vers les Enfers. Ses attributs sont une baguette d'or et des sandales magiques qui lui permettent de se déplacer très vite en rasant la mer ou la terre.

HYPÉRION : Titan (les Titans sont les six fils d'Ouranos et de Gaia ; Zeus les combattit après avoir détrôné son père) dont le nom veut dire *en haut;* c'est le père d'Hélios ou Soleil. (Voir : Cronos, Zeus, Soleil.)

ILION : autre nom de Troie. (Voir : Troie.)

ITHAQUE : capitale du royaume d'Ulysse qui compte quatre îles : Doulichion, Samé, Zante, et, bien sûr, Ithaque elle-même.

LIBATION : action de répandre du vin ou un autre liquide (sur le sol, sur un animal à sacrifier...) en l'honneur d'un dieu.

LOTOS : le mot désigne chez les Grecs de l'Antiquité toutes sortes de plantes ou de fruits. Le lotos de l'*Odyssée* est une plante magique dont on ne saura sans doute jamais ce qu'elle était en réalité.

MALÉE : le cap Malée est situé au sud-est du Péloponnèse ; Ulysse devait le doubler pour remonter sur Ithaque, mais une tempête l'en empêcha et le jeta dans un monde où n'habitent pas d'hommes mangeurs de pain.

MÉNÉLAS : frère d'Agamemnon, époux d'Hélène, roi de Sparte.

MINOS : roi plus ou moins légendaire de Cnossos (la plus grande ville de Crète). Fils de Zeus et d'Europe, il devint après sa mort un des juges des Enfers.

NECTAR : boisson des dieux. Le nectar était très bon et très doux ; depuis, quand une boisson est exquise, on dit : « C'est un vrai nectar ! »

NESTOR : roi légendaire de Pylos. Il reçut d'Apollon la faveur de vivre pendant trois générations. Il participa à la guerre de Troie. L'*Iliade* le présente comme le plus posé, le plus modéré de tous les héros grecs. Il est un peu l'image du sage vieillard.

NOTOS : dieu du vent du sud.

NYMPHE : les nymphes sont des déesses de second rang ; elles sont attachées au service d'un dieu plus important ou à des lieux précis : fontaines, sources, rivières, mers, forêts.

OCÉAN : grand fleuve qui coule tout autour de la terre (dont les Grecs pensaient qu'elle était un disque plat) et qui marque la limité du monde habité par les hommes. C'est aussi le nom du dieu de ce fleuve.

PERSÉPHONE : fille de Déméter et de Zeus, elle fut enlevée par Hadès et devint la reine des Enfers. En représailles, Déméter prit l'apparence d'une vieille femme et rendit la terre stérile. Zeus imposa alors le compromis suivant : Perséphone restait aux Enfers pendant l'hiver (entre la période des semailles et celle des premières pousses printanières) et revenait au jour, chez sa mère, le reste de l'année. (Voir : Déméter, Hadès.)

POSÉIDON : fils de Cronos, frère de Zeus, il est un des trois maîtres de l'univers. Son domaine est la surface du monde : mer et terre. Armé d'un trident, il soulève les tempêtes, déchaîne les vents, provoque les tremblements de terre. Il habite un palais sous-marin (Égès) et se déplace sur un char attelé de chevaux. C'est le père du Cyclope et l'ennemi d'Ulysse.

PRIAM : roi de Troie à l'époque de la guerre. La légende raconte qu'il avait cinquante fils.

PYRIPHLÉGÉTON : fleuve des Enfers. Son nom veut dire à peu près : *qui roule des flammes.*

SACRIFICE : le sacrifice, chez les Grecs de l'Antiquité, était une cérémonie religieuse au cours de laquelle, le plus souvent, on égorgeait des animaux dont on faisait cuire la viande. Certains morceaux étaient complètement brûlés ; c'étaient ceux qu'on offrait aux dieux qui se nourrissaient d'odeurs et de fumées. Le reste était partagé entre les prêtres et l'assistance ; il y avait un festin. Le déroulement des sacrifices était minutieusement réglé (voyez la précision des indications de Circé sur l'offrande qu'Ulysse doit faire aux morts avant de les voir apparaître). Les sacrifices avaient lieu à l'occasion de fêtes religieuses ou quand un malheur s'abattait sur une cité (dans des temps très anciens, on sacrifiait même des êtres humains ; ainsi Achille sacrifie-t-il lors des funérailles de son ami Patrocle douze jeunes Troyens). Les sacrifices étaient un moyen de s'attirer les faveurs des dieux à qui on les offrait.

SISYPHE : personnage légendaire renommé pour sa ruse et sa perfidie – il passait son temps à tromper les hommes et les dieux. Il finit par être envoyé aux Enfers où il fut condamné au supplice que décrit Ulysse.

SOLEIL : son nom grec est Hélios. C'est un dieu. Il traverse le ciel sur un char tiré par quatre chevaux. (Voir : Hypérion.)

SORTS : les sorts sont des sortes de jetons ou des cailloux qu'on place dans un récipient pour procéder à un tirage au sort. Un signe propre à chaque personne est gravé sur le jeton.

SPARTE : ville du Péloponnèse qui porte aussi le nom de Lacédémone. Ménélas en fut le roi.

TANTALE : roi légendaire qui était reçu chez les dieux de l'Olympe. Mais il révéla aux hommes les secrets du séjour des dieux et vola le nectar et l'ambroisie. Il fut donc condamné à subir le supplice qu'Ulysse décrit.

TIRÉSIAS : devin très célèbre. Il avait été choisi comme arbitre dans une querelle qui opposait Zeus et Héra. Comme il donna raison à Zeus, Héra le rendit aveugle. Le maître de l'Olympe lui accorda alors le don de prophétie et le laissa vivre pendant sept générations. (Souvent dans les histoires grecques les devins et les aèdes sont des personnages aveugles.)

TROIE : ancienne ville d'Asie Mineure, située à l'entrée de l'Hellespont. Mais il n'est pas du tout sûr que l'emplacement du site archéologique de Troie corresponde à la ville de la légende.

ZÉPHYR : dieu du vent d'ouest.

ZEUS : fils de Cronos qu'il détrôna pour devenir le roi des dieux, il règne sur le monde céleste. C'est lui qui rend la justice chez les dieux, comme chez les hommes si ceux-ci deviennent trop violents. Il est le protecteur des étrangers et veille au respect de l'hospitalité. Son attribut est la foudre. Les légendes qui se rapportent à Zeus sont très nombreuses : pour les connaître, vous pouvez lire des livres sur la mythologie grecque. (Voir : Athéna, Artémis, Cronos, Dodone, Égide, Hadès, Hermès, Hypérion, Minos, Perséphone, Poséidon, Tirésias.)